U0817420

宁夏高等教育一流学科建设基金资助（NXYLXK2017B09）
北方民族大学2021年服务宁夏九大产业专项（FWNX38）资助

义务教育差距的量化研究

——以小学阶段为例

申菊梅　著

中国财经出版传媒集团
中国财政经济出版社

图书在版编目（CIP）数据

义务教育差距的量化研究：以小学阶段为例／申菊梅著. --北京：中国财政经济出版社，2022. 11

ISBN 978-7-5223-1720-5

Ⅰ. ①义… Ⅱ. ①申… Ⅲ. ①小学教育-量化分析 Ⅳ. ①G62

中国版本图书馆 CIP 数据核字（2022）第 196874 号

责任编辑：王　芳　　　　责任校对：胡永立
封面设计：思梵星尚　　　　责任印制：党　辉

义务教育差距的量化研究——以小学阶段为例
YIWU JIAOYU CHAJU DE LIANGHUA YANJIU
——YI XIAOXUE JIEDUAN WEILI

中国财政经济出版社 出版

URL：http：//www. cfeph. cn

E-mail：cfeph@ cfeph. cn

（版权所有　翻印必究）

社址：北京市海淀区阜成路甲 28 号　邮政编码：100142

营销中心电话：010-88191522

天猫网店：中国财政经济出版社旗舰店

网址：https：//zgczjjcbs. tmall. com

北京财经印刷厂印刷　各地新华书店经销

成品尺寸：170mm×240mm　16 开　13.75 印张　188 000 字

2022 年 11 月第 1 版　2022 年 11 月北京第 1 次印刷

定价：66.00 元

ISBN 978-7-5223-1720-5

（图书出现印装问题，本社负责调换，电话：010-88190548）

本社质量投诉电话：010-88190744

打击盗版举报热线：010-88191661　QQ：2242791300

前　言

义务教育均衡发展是我国实现民族伟大复兴的基石，也是提升综合国力的基础，其基本功能是为国家发展和增进人民幸福培养各种所需人才，并最终服务社会改善民生。目前我国义务教育的地区差距、城乡差距、省际差距、校际差距非常突出，成为社会广泛关注的一个重要问题。尽管近几年国家不断加大对义务教育的基础投入，但由于长期的城乡二元结构和经济发展差距等多种原因，义务教育的省际之间、地区之间、城乡之间、校际之间的各种差距仍然存在。差距的存在不仅制约了教育环境的改善和教育质量的提高，也不利于整个经济社会的可持续发展。只有精准、合理地量化各种差距，分析差距产生的原因，才能制定切实可行的缩小义务教育差距的政策，以更好更快地实现义务教育优质发展。

本书基于前人的研究基础，从以下几方面对义务教育差距进行分析：

1. 从统计学的角度出发，以生均预算内教育事业费①为研究指标，综合运用教育基尼系数、沃斯特根指数、泰尔指数、极差等方法量化省际差距和地区差距，并对差距的变化趋势进行分析。首先对省际差距和地区差距的基本情况进行统计描述，从不同角度对差距进行量化，结论为省际间生均经费的极差在不断扩大，但基尼系数在减小，中位数以上省份差距仍然较大，但中位数以下省份的差距在不断减小，总体来看省际差距是较大的。而地区差距则是东部地区生均经费高于中西部地区，但东部地区内部差距较大，而中西部内部差距较小，对泰尔指数的分析说明组内差距大于

---

① 除第4章外，本书所有讨论的关于经费的指标都是采用生均预算内教育事业费，为了表述方便，全部使用生均经费来替代生均预算内教育事业费。

组间差距。其次借鉴绝对 β 收敛的思想，使用静态模型和空间动态面板数据模型分析生均经费的收敛性，对生均经费省际差距和地区差距的趋势进行分析，结论为生均经费省际间不存在收敛性，省际差距随时间推移将变的越来越大。中、西部也不存在收敛性，生均经费的省际差距也将越来越大，而东部地区生均经费存在收敛性，差距随时间的推移逐渐变小，但差距减小的速度却很缓慢。

2. 从师资力量、生均教学设备、硬件设施、生均公用经费四个方面构建义务教育城乡差距评价指标体系，使用达标率的方法分析各省义务教育城乡之间的差距。得出的结论为：首先，总体来看，各省城乡之间差距在不断减小。在各分项评价指标中，所有省份的生均专任教师学历数在城乡都存在较大的差距，生均危房面积的城乡差距也非常大。其次，对西部地区某个县的义务教育城乡差距利用实际调研数据进行分析，得出的结论为该县的城镇聚集了大部分的学生以及大部分的优质资源，城乡差距较大。

3. 对不同省份的县域之间和同一省份的县域之间进行差距的量化，得出的结论为不同省份的义务教育资源配置差距较大。对于县域内校际差距的量化则提出理想值的方法，针对同一县域内校际间的差距进行量化。该方法的提出，不仅解决了校际差距的横向比较问题，而且解决了校际差距的纵向比较问题。政府可以按照某校或某指标与理想值的距离对它们提供经费支持，按照差多少补多少的原则进行资金拨付，以解决义务教育的精准扶持问题。

4. 对生均经费影响因素进行综合评价，选取小学经费支出占财政总支出比重、在校小学生数、人均财政收入为评价指标，使用函数型主成分分析方法对各省生均经费的影响因素进行综合评价。综合排名较前的省份，说明生均经费的综合投入能力强，则生均经费也应较高，综合排名靠后的省份，相对的综合投入能力也较差，生均经费相对较低。得到的结论为大部分省份的生均经费排名和综合评价排名是较匹配的，采用该方法进行综合投入能力分析是可行的。但也有个别省份出现排名不匹配的情况，则选取排名不匹配的省份，对各指标求一阶导数，讨论各指标的增长速度，以此来分析综合排名与生均经费排名不匹配的原因，为各省提高生均经费提供数据支持。

5. 研究政策变化对义务教育的影响。采用地理加权回归模型研究城镇化对生均经费的影响，选取城镇化率作为度量城镇化发展的指标，用人均GDP、政府竞争等指标作为控制变量。通过实证分析得出的结论是城镇化对各省各年生均经费的影响不尽相同，但基本上都呈现出正相关，即城镇化促进了义务教育经费的发展。对于有些西部地区，由于山区和丘陵地区较多，城镇化有些年份促进了义务教育经费的发展，有些年份没有促进义务教育的发展，根本原因在于这些地区复杂的地理环境，对于农村学校和教学点不能简单地靠城镇化来解决义务教育的发展问题。采用断点回归的方法研究义务教育政策本身对义务教育的影响，得到的结论是义务教育政策促进了义务教育的发展。

6. 构建评价指标体系评价政府对义务教育的重视程度。义务教育发展首先是政府的事情，政府对义务教育越重视，当地的义务教育发展就越好，当地的城乡之间、校际之间以及不同县域之间的差距必将越小。通过构建评价指标体系，采用层次分析法和模糊综合评判法对某地政府的义务教育重视程度进行评价。该方法目前尚属首创，可以通过此方法对政府相关工作进行量化，以推动义务教育的优质发展。

作者

2022 年 7 月

Preface

The balanced development of compulsory education is the cornerstone of the great rejuvenation of the Chinese nation, but also the basis for the promotion of China's comprehensive national strength. Its basic function is to cultivate all the necessary talents for the country to develop and improve the people's well – being, and ultimately serve the community to improve people's livelihood. At present, there are many outstanding problems in the compulsory education of our country, such as the regional disparity, the urban – rural gap, the interprovincial gap, and the interschool gap, which have been important social problems worthy of much attention. Although in recent years the state has constantly increased the basic investment in compulsory education, the various gaps we mentioned earlier still exist due to the long – term urban – rural dual structure and economic development gap and other reasons. The existence of the gaps not only restricts the improvement of the educational environment and the quality of education, but also is against the economic and social sustainability. Only by accurately and rationally quantifying the various gaps and analyzing the causes of the gaps can we make feasible policies to narrow the gaps of compulsory education so as to accelerate the balanced development of compulsory education.

Based on the predecessors' research, this paper will analyze the gaps of compulsory education from the following aspects:

1. From the statistical point of view, we quantify the interprovincial and regional gaps and analyze the trend of disparity by the comprehensive use of the Gini coefficient on education, Verstegen index, Theil index, Range and other

methods, with the average budgetary education expenditure as the main indicator. First of all, we present the basic situation of interprovincial gap and regional disparity by statistic description, and then quantify the gaps from different viewpoints. The results show that the range of average budgetary education expenditure between provinces is widening, but the Gini coefficient is decreasing and the gap is still large for the provinces which parameter is greater than the medium, is declining for those which less than the medium. Overall, the interprovincial gap is relatively larger. For the region disparities in the average budgetary education expenditure, the eastern area is higher than western area, and the gap within the eastern region is larger, compared with the gap within the western region, the gap in the group is larger than between groups. Secondly, reference to the idea of the absolute β convergence, we analyze the trend of disparities in different provinces and areas by using the quiescent model and the spatial dynamic panel data model to analyze the convergence of the average expenditure, and analyze the trends of the interprovincial gap and the regional gap. The results show that there is no convergence for the average budgetary education expenditure between the provinces, and the gap between different provinces will grow even greater. Results also show that there is no convergence in the west and medium area, the gap between different areas will also be greater, but compare with this, the expenditure of eastern areas has convergence, and the gap will decrease over time with smaller speed.

2. In this paper, the evaluation index system of the gap between urban and rural compulsory education is constructed from four aspects: teachers force, teaching equipment per student, hardware facilities and the average amount of public funds per student. The gap between urban and rural areas is analyzed by using the method of standardize rate. The conclusion is: Overall, the gap between urban and rural areas in provinces is decreasing. In each sub - evaluation index, there are large gaps for the full - time teachers per student between urban

and rural areas, and the gap for the average non – compliance area between urban and rural areas is also very large. Secondly, the urban – rural gap of compulsory education in a county in the western region is analyzed using the actual survey data. The conclusion is that the cities and towns in the county gather most of the students and most of the high – quality resources, and the gap between urban and rural areas is large.

3. The disparity between counties in different provinces and between counties in the same province is quantified, and the conclusion is that there is also a large gap in the allocation of compulsory education resources in different provinces. For the quantification of the inter – school gap in the county, the method of ideal value is proposed, and the gap between schools within the same county is quantified. The proposed method not only solves the problem of horizontal comparison of interschool gap, but also solves the problem of vertical comparison of interschool gap. Conduct a survey on a county that has not achieved the balanced development of compulsory education, and conduct a quantitative analysis of the inter – school gap based on the actual survey data. The conclusion is that the gap between schools is relatively large. The distance provides financial support to them, and allocates funds according to the principle of making up as much as the difference, so as to solve the problem of precise support for compulsory education.

4. The average budgetary education expenditure influence factors are evaluated comprehensively by using the functional method and selecting the evaluation index, including the proportion of the primary education expenditure to total fiscal expenditure, the number of primary school students and the per capita income. For the top – ranking provinces, it suggests that these provinces have strong comprehensive investment capacity in average budgetary education expenditure, and the expenditure is relatively higher. In comparison, for the low – ranking provinces, the ability of expenditure investment is relatively low. The result shows that, for the most provinces, the ranking of expenditure is matched with the ob-

jective evaluation system, and it is feasible to use this method to analyze the comprehensive investment ability. But also there are individual provinces which rankings are not matched, then we select these provinces, solve the first derivative of the indicators to discuss the growth rate, analysis of the reason why the comprehensive ranking and expenditure ranking do not match so as to provide data support for the improvement of the expenditure investment in different provinces.

5. Research the impact of policy changes on compulsory education. The geographical weighted regression model is used to study the impact of urbanization on the average budgetary education expenditure. The urbanization rate is selected as the indicator to measure the development of urbanization, and the indicators such as GDP per capita and government competition are used as control variables. Through empirical analysis, it is concluded that the impact of urbanization on the average budgetary education expenditure in each province is different, but basically it shows a positive correlation, that is urbanization promotes the development of compulsory education funds. However, for some western areas, due to the large number of mountainous and hilly areas, urbanization has promoted the development of compulsory education funds in half of the years, and some years did not promote the development of compulsory education. The fundamental reason is the complex geographical environment of these areas. For rural schools and teaching sites, the development of compulsory education cannot simply be solved by urbanization. Using the method of breakpoint regression to study the impact of compulsory education policy itself on compulsory education, the conclusion is that compulsory education policy promotes the development of compulsory education.

6. Construct the evaluation index system to evaluate the government's emphasis on compulsory education. The development of compulsory education is first and foremost a matter for the government. The more the government attaches importance to compulsory education, the more local compulsory education can develop, and the gap between local urban and rural areas, between schools and be-

tween different counties will be smaller. By constructing an evaluation index system, the analytic hierarchy process and fuzzy comprehensive evaluation method are used to evaluate the government's emphasis on compulsory education. This method is currently the first of its kind, and it can be used to quantify the government to promote the high – quality development of compulsory education.

目　　录

第 1 章

引　言

1.1 研究背景和意义

1.1.1 研究背景

义务教育起源于德国，伴随着宗教改革而出现。1619年，德国魏玛公国颁布的关于学校的法令中明确规定，父母必须将6—12岁儿童送入学，否则政府将采取措施强制家长履行职责，这是义务教育的起源。18世纪中叶发生的工业革命推动了义务教育的广泛发展。19世纪末，美国、法国、日本、英国都先后颁布了义务教育法，旨在普及基础教育。义务教育法的颁布实施，促使小学教育制度得到广泛发展，义务教育制度最终形成[1]。

我国政府在《中共中央关于教育体制改革的决定》中做出了实施九年义务教育的重大决定[2]，并于1986年颁布并实施《中华人民共和国义务教育法》（以下简称《义务教育法》），该法的实施标志着我国基础教育进入一个崭新的阶段，对每个公民实行九年制义务教育成为国家的法定义务[3]。2002年党的十六大第一次提出“教育均衡”的概念，其中首次提到加大对教育的投入和对农村教育的支持[4]。2005年，国务院颁发《关于深化农村义务教育经费保障机制改革的通知》[5]，2006年新修订《义务教育法》，这两项法律法规中，都提到要加大财政投入，对农村经费按比例进行合理分担[6]。同年的《中共中央关于构建社会主义和谐社会若干重大问题的决定》及党的十七大报告等这些重要文件都对教育均衡的概念进行了明确的表述。2010年《国家中长期教育改革和发展规划纲要》（2010—2020）将推进义务教育均衡发展提升为义务教育战略性任务的高度，要求到2020年基本实现区域内义务教育均衡发展[7]。2011年十八大报告再次提出“均衡发展九年义务教育，大力促进教育公平，合理配置教育资源[8]”。2012 年《国务院关于深入推进义务教育均衡发展的意见》（国发 48 号）又明确提出深入推进义务教育均衡发展的各项指导方针和政策[9]。教育部长袁仁贵在 2016 年教育工作会议中指出，要精准帮扶困难群体，加快改造薄弱学校，全面提升中西部教育[10]。2018 年教育部发文要确保在 2020 年九年义务教育巩固率达到 95% 以上，要做好义务教育控辍保学工作[11]。2021 年教育部发文要求各地实现义务教育优质均衡发展，在全国实现义务教育均衡发展后对各地的要求又进一步提高[12]。

通过对国家层面关于义务教育的各种政策、文件及规定的梳理，可以看出我国政府对义务教育非常重视。之所以如此重视，是因为义务教育优质发展既是我国实现民族伟大复兴的基石，也是提升综合国力的基础，其基本功能是为国家发展和增进人民幸福培养各种所需人才，并且最终服务社会、改善民生，不断提升社会主义优越性。但长期的城乡二元结构以及以经济建设为中心的指导思想，使我国义务教育的地区差距、城乡差距、省际差距、校际差距已非常突出，差距的增大已成为教育领域关注的一个社会问题。尽管近几年不断加大对义务教育的基础投入，但由于长期城乡二元结构和各地经济发展差距等多种原因，义务教育的各种差距仍然存在，可以通过以下 3 组数据说明义务教育差距的具体表现：

1. 省际差距。

我国各省在实行义务教育免费政策后，小学入学率急剧上升。2020 年，全国小学净入学率已达到 99.69%，几乎接近 100%，各省小学入学率之间的差距已经微乎其微①。目前我国各省义务教育差距主要体现在教育资源的配置上，从图 1－1 可以清晰地看出我国省际间生均经费的差距。

① 2020 年全国教育事业发展统计公报：http：//www.moe.gov.cn/jyb_ sjzl/sjzl_ fztjgb/202108/t20210827_ 555004.html。

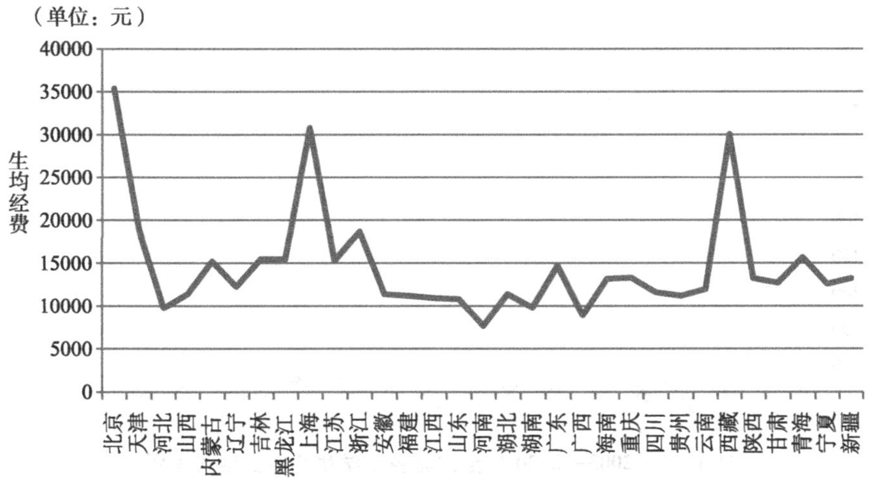

图1-1 2020年各省（自治区、直辖市）小学生均经费

2020年，我国各省小学生均经费差距较大，生均经费最低的省份河南仅为7665.53元，而最高省份北京则已达到35411.73元，生均经费最高省份的值是最低省份值的4.6196倍，从该数据可以明显看出生均经费的省际差距①。

2. 城乡差距。

长期的城乡二元结构，使我国城市和农村之间差距拉大。义务教育差距从生均经费角度来看，2020年，全国普通小学为12330.58元，农村小学为11541.3元，两者之间绝对差距为789.28元，城乡之间小学生均经费差距的历年变化趋势为：

图1-2和图1-3显示出2003—2020各年小学生均经费城乡差距，从绝对值角度来看，两者之间的差距基本呈现不断增加的趋势；相对值在2013年之前呈现不断缩小的趋势，相对差距在2013年达到最小值后，又呈现不断扩大的趋势②。

---

① 数据来源：教育部 国家统计局 财政部关于2020年全国教育经费执行情况统计公告 http://www.moe.gov.cn/srcsite/A05/s3040/202111/t20211130_583343.html。

② 数据来源于各年的全国教育经费执行情况统计公告。

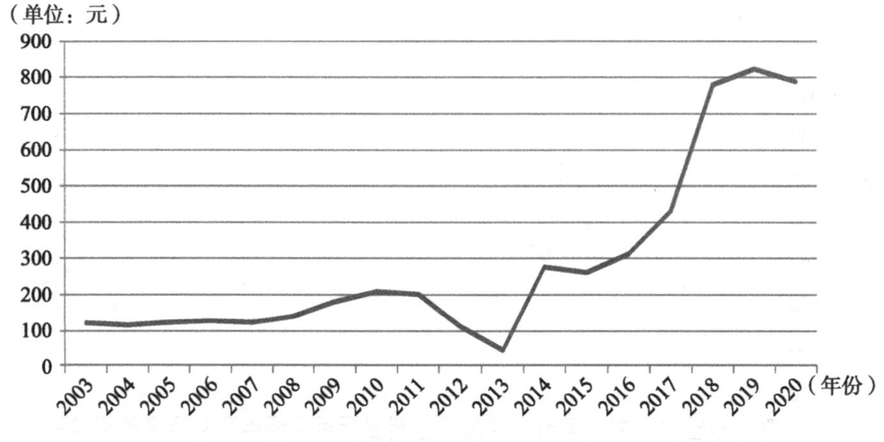

图 1－2　2003—2020 年全国城乡小学生均经费绝对差距

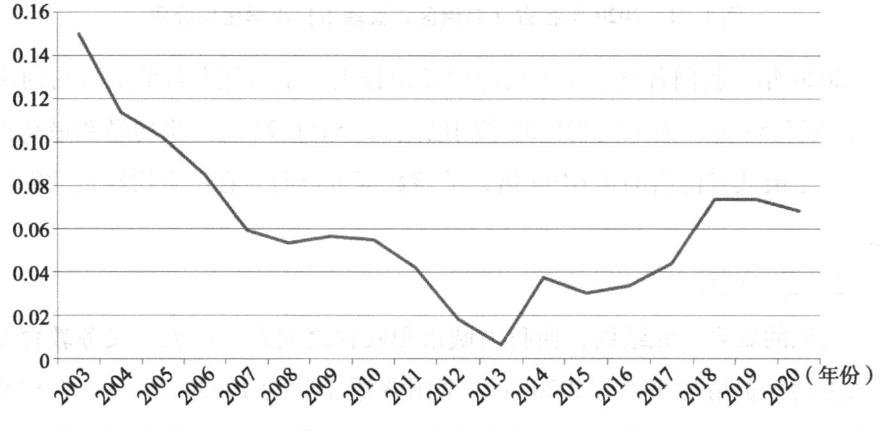

图 1－3　2003—2020 年全国城乡小学生均经费相对差距

3. 校际差距。

我国校际之间的差距引用《教育部关于对十三届全国人大四次会议第9636号建议的答复》进行说明。该答复明确下一步教育部将研究制定《关于构建优质均衡的基本公共教育服务体系的意见》，完善政策保障措施，缩小城乡、区域、校际、群体差距，推进义务教育优质均衡和城乡一体化发展，从根本上解决择校热问题。教育部表示，“学区房”的出现在一定程度上反映了优质教育资源配置不均衡、校际间办学质量存在差异的问题①。通过该答复，可以明确地看出我国校际之间存在的差距已经引起全国人大代表的注意，也从侧面反映了我国校际之间的差距的普遍存在以及差距过大的问题。

1.1.2 研究意义

以上几组数据清晰地刻画了义务教育的省际差距和城乡差距，教育部对人大代表的建议答复也表明了我国存在较严重的校际差距。义务教育各种差距的存在不仅制约了教育环境的改善和教育质量的提高，也不利于整个经济社会的可持续发展。近年来，义务教育发展不均衡问题受到我国广大学者的关注，并且发表了许多有独到见解的论文，从各个方面对义务教育不均衡现象进行量化分析。本书正是基于前人的研究，以教育公平理论为基础，综合运用统计方法对义务教育差距进行量化研究，主要研究意义在于：

1. 进一步完善义务教育省际差距、地区差距的量化研究。

义务教育优质发展是义务教育的基本国策，只有合理、精准地量化差距，分析差距的变化趋势，才能制定合理的促进义务教育优质发展的政策。现有的量化省际差距、地区差距的文献都是从某一个方面对差距进行量化，没有研究差距的变化趋势。本书使用统计测算方法，从不同角度对省际差距和地区差距进行量化，既量化了整体差距，也量化了部分省份的差距，还量化了差距的来源，并对差距的变化趋势进行分析。对差距的多角度量化，可以更为全面地反映我国义务教育省际差距和地区差距状况。通过以上的研究，使国家对义务教育省际差距和地区差距有一个全面的了解，为政府制定义务教育优质发展政策提供数据支持。

2. 构建量化城乡差距和校际差距的评价指标体系，多方位地评价城乡

---

① http：//www.moe.gov.cn/jyb_xxgk/xxgk_jyta/jyta_jijiaosi/202111/t20211102_577171.html.

差距。

本部分研究既解决了量化城乡差距的结构性问题，又解决了量化城乡差距的时间性问题，不仅可以分析不同省份在各年的城乡差距变化趋势，还可以反映导致各省城乡差距的主要原因，为各省政府制定农村义务教育政策提供数据支持。对于校际差距的量化，构建了评价指标体系，采用理想值的方法进行量化。该方法的提出，不仅解决了校际差距量化的横向比较问题，而且解决了校际差距量化的纵向比较问题，且该方法具有一定的推广性。城乡差距和校际差距的量化研究，为各省和各县政府解决义务教育非均衡问题提供了精准量化的方法，完全可以按照哪里差补哪里的原则进行义务教育优质发展的查缺补漏，以达到精准量化的目标，促使义务教育资金的投入达到效率最大化。

3. 完善了对义务教育影响因素的综合评价问题。

现有生均经费影响因素的分析多是按照某个指标进行分析，本研究使用函数型数据方法，解决了对多个影响因素综合评价的问题，通过函数型数据方法对各指标求一阶导数，分析各影响因素的增长速度，可以更深入地挖掘数据信息，为中央政府考察各省的义务教育努力程度提供一定的方法。该问题的研究既可以量化分析各省政府对义务教育的重视程度，还可以为各省作出不断提高义务教育经费的决策提供数据支持，以不断促进义务教育发展。

4. 完善了宏观政策对义务教育影响的研究。

通过使用断点回归方法研究我国新义务教育法对义务教育经费的影响，进而研究对义务教育发展的影响。该方法考虑政策颁布实施前后义务教育经费的变化情况，拓展了义务教育政策实施效果政策评价方法，并且完善了对义务教育政策的评价内容。在关于城镇化对义务教育影响的研究中，则使用了地理加权回归模型分析城镇化对各省义务教育经费的影响，该方法考虑了空间效应，即各省的空间相互溢出对义务教育发展的影响，全面分析了城镇化对各省义务教育的影响。该部分的研究可以为国家制定相应的义务教育宏观政策提供政策建议和数据支持。

5. 评价政府对义务教育的重视程度，丰富了义务教育的评价内容。

构建政府义务教育重视程度评价指标体系，使用层次分析法和模糊综合评判法进行分析。该评价体系的构建，完善了义务教育评价体系的内容，并可以对各个政府的努力程度进行评判，通过该方法，可以促进政府重视义务教育。

1.2 文献综述

1.2.1 国外文献综述

1. 国家角度的义务教育法律法规。

西方国家关于如何促进义务教育优质均衡发展的相关文献不多，更多的侧重于研究国家对义务教育发展的基础作用。法国在1982年建立了“教育优先区”，发动学校与社会合作，帮助学业差、家庭条件差的学生完成学业，而政府则对偏远的农村或山区学校进行重点扶持，优先考虑其经费投入和资源配置，使城乡和地区差距逐步达到平衡[13]。日本实施九年制义务教育，国家保证竞争环境的公平，保证各学校最基本的办学水平和质量，义务教育阶段公立中小学全部免费。进入公立学校一般是区域就近入学，按照学区划片的方法，以家庭住所为原则，家庭住所归哪所学校，义务教育儿童就必须上哪所学校，如果有择校生，政府就要追究校领导责任[14]。美国布什总统在2001年签署了《不让一个孩子掉队法案》，通过实施一系列均衡公平的国民教育措施，极大地提高了美国义务教育均衡发展[15]。韩国从1970年开始实施“教育扶贫”政策，无论是硬件还是软件方面，均全国统一进行学校的教学配备，目的在于均衡生源与师资等教育资源的配备，从而在一定程度上逐渐达到教育均衡。墨西哥在保障均衡上的做法就比较直接，实行中央管理制度，经费由中央统一拨付，在墨西哥，教育不均衡现象也比较突出，该国为促进义务教育均衡发展实行中央支付和地方补贴相结合的办法。中央投入和地方补贴都不是确定的，中央投入与地方经济水平直接相关，经济发达省份对教育的投入比较多，则中央的投入就会相对减少，反之中央则会加大投入，这样一来能在总体上确保差距不大[16]。其余国家对促进义务教育均衡、实施资源配置均衡的法律法规，还有新西兰“多方参与、综合评估发展导向”的学校撤点合并计划，南非的“均衡分配方式”“学校营养计划”，哥伦比亚的“细心实验”，菲律宾的“教科书计划”等。这些教育综合改革都是从各国的实际出发，这些政策、法律法规的制定都体现了政府对教育的高度重视[17]。J. A. Banks（1994）提出国家应对那些贫困的、处境不利的受教育者及少数族裔学生实施学校选择制度或补偿教育措施，通过建立这样的制度以给予他们自由选择的机会和更多的教育资源，来改变其不利的处境[18]。王娟涓、徐辉（2001）概括的国外经验主要包括：树立教育公平理念，大力实施全民教育；通过立法保障公民受教育权利和机会的均等；建立充分的教育经费保障机制[19]。美、英两国十分重视基础教育，基础教育经费投入在整体教育经费投入中占有很大的比例[20]。

2. 国外对义务教育差距量化的文献。

Psacharopoulos（1977）采用了教育入学人数指标，通过量化差距系数来衡量不同阶段的教育不平等程度[21]。20 世纪末至 21 世纪初，各国政府都积极采取措施推进教育公平，通过计算教育基尼系数、生均经费离散系数等指标来量化分析教育的差距。美国教育协会的一项调查表明地区之间在义务教育资源配置方面的差距较大，贫困地区和农村地区的办学条件较差，面临着师资以及教学设备、设施和经费的严重短缺，对教育质量的整体提高产生严重的影响[22]。Berson. C. S（1978）提出中央和地方应联合起来对教育提供财政支出，以保证教育财政资金的充足和在各地分配的相对公平[23]。理查德·D. 范斯科德等人（1984）在对美国 20 世纪六七十年代基础教育改革的社会背景及改革措施详细介绍的基础上指出，当前美国教育存在着严重的发展差距问题，这种差距在种族、阶级以及宗教方面的表现就更加显著了[24]。Ram Rati（1990）运用100个国家的跨国数据分析教育水平对教育不平等的影响，被解释变量为人均受教育年限的标准差，解释变量为人均受教育年限和人均受教育年限的平方。研究结果为随着人均受教育水平的增加，教育不平等先增加，达到极值后再减少，转折点是人均受教育年限为7年[25]。Pradhan（1996）研究表明各国政府对基础教育的投入是非常重视的，占整个公共教育经费中的比重非常高，即使在不发达地区和国家，比重的平均水平也达到了60%以上。Rubenstein（1998）对芝加哥学区内部学校的教育财政公平状况进行测算并量化，得出的结果为学区内公立小学的财政公平程度低于公立中学，政府对学校经费的补贴与学生贫困度有较弱的正相关[26]。Hussar和Sonnenber（2000）对生均教育经费支出进行分析，认为对美国大部分州及所有地区来说，1980—1994年间的公平程度有所改善，但把全国作为一个统一整体对待时，促进教育财政公平的措施似乎已经有所减弱，这主要是由于国内各地区支出差距在扩大[27]。伯尔尼和施蒂费尔跟踪了密歇根州和纽约州的11个公平量数（其中密歇根州跟踪了超过8年、纽约州跟踪了11年），发现可以把这些量数基于相似的模式分成四组；全距、联合全距和方差为一组，变异系数、基尼系数、泰尔指数、对数的标准偏差和相对平均偏差系数为第二组，联合全距比和麦克伦指数分别为第三和第四组；若想对义务教育财政方面的公平性进行分析，就应该从这四个组中每组选取一个指标进行分析[28]。菲利普·库姆斯（2001）着重论述了导致教育发展不平衡的因素，并结合事例，对教育不平等的现状进行分析，探讨缩小不平等的途径[29]。Charles Benson（2000）关于义务教育财政投入运行机制方面的研究被认为是最具代表性的，他在《教育财政》中概述了评判教育财政体系运行好坏的三个标准：教育资源分配的效益如何、提供的教育服务是否充分以及教育资源的分配是否公平[30]。美国教育法律中心学者Baker Bruce、Farrie Danielle和Luhm Theresa（2016）对2013年美国中小学校的财政投资进行调查，主要是进行公平性研究，得出的结论是各州及学校之间在财政经费的投入中仍然存在着较大的差距，并且这种差距以目前的状况来看，未来仍然会有持续扩大的趋势。其中爱达荷州的生均公用经费是5746美元，阿拉斯加州的生均公用经费为17331美元，后者是前者的3倍多；有很多州的公共教育财政投入比例连续下降，由于较少的财政投入，导致为贫困地区低收入家庭学生提供的资金减少，政府在教育资源配置的不作为导致了学校财政投入的公平性较低[31]。

3. 研究相关因素对义务教育影响的文献。

国外学者 Grubband Michelson（1974）使用线性模型分析教育补助与教育支出之间的关系，研究结果为教育补助与教育支出显著负相关，每增加1美元的教育补助，教育支出就会降低0.74美元[32]。Ankhara Dove，Linda（1982）研究表明发展中国家的农村地区对于经验丰富教师的吸引力很低，且教师的流动性还非常强，在城市地区都存在教师数量匮乏的情况，更别提农村地区，几乎所有的教师都不愿意选择去农村工作[33]。Ronald C. Fisher 和 Leslie E. papke（2000）利用粘蝇纸效应研究教育转移支付对义务教育的影响，分别对比了转移支付增加和自有财政支出增加对教育支出的影响。得出的结论为，政府转移支付促进了教育支出增加，转移支付增加1美元，地方教育支出就会增加0.25—1美元；而当地方财政收入增加1美元时，地方教育支出只能增加0.05—0.1美元[34]。Galiani 等（2001）讨论了当阿根廷的教育服务从中央下放到省级后，公立中学学生的成绩显著提高，公立中学学生的成绩与省级政府财政赤字相关[35]。World Bank（2008）讨论了在一定的转移支付影响下，1980—1990年小学入学率和初中入学率都明显增加，但是入学率的提高并没有改善教育公平。美国教育家 Shelia E Murray，William N Evan，Robert M Schwab 和 Eric A Hanushek（1998）分析由联邦政府对地方实行义务教育资金的转移支付是美国20世纪六七十年代教育财政管理体制的重大改革，这一制度变革，不仅缩小了学区之间的差距，而且对公共教育的支出也有很大影响，如减轻了教育支出的不均等、使贫困地区有了巨大的潜在收益等[36]。Toutkou Shian 和 Michael（2007）提出评测横向公平和纵向公平问题的另一种方法，丰富和发展了公平性的测量方法[37]。Murray（1998）研究美国义务教育财政体系改革对义务教育财政支出的影响。认为法律明确要求各州增加对教育的支出，所以各州政府对义务教育财政支出增加了，对贫困地区学校的教育支出也增加了，但是由于富裕地区的教育支出本身较高，已经超过了国家要求的百分比，所以富裕地区的教育支出并没有发生较大的变化[38]。

1.2.2 国内文献综述

1. 义务教育差距的具体表现。

赵庆华（2005）认为义务教育非均衡发展的现实状况主要表现在五个方面：一是义务教育发展地域间非均衡比较明显；二是义务教育发展呈现城乡间的非均衡形态；三是义务教育发展呈现校际间的非均衡形态；四是义务教育非均衡发展呈现进一步扩大的趋势；五是农村受教育者学业成功概率大大低于城市[39]。国家发展和改革委员会社会发展司（2011）对当前义务教育均衡发展面临的挑战及对策建议进行了全面总结，认为目前义务教育均衡发展中存在三个方面的问题：一是资源配置不均普遍存在，具体表现为硬件配置不均、经费标准不均、师资水平不均等方面；二是生源总量减少但流动趋势分化，均衡发展复杂性加剧，出现了随迁子女问题、留守儿童问题、择校学生问题等；三是评价体系不全和督导力度不够，均衡发展的政策执行力亟待加强。巧立名目的重点校、重点班仍屡见不鲜，这种状况的长期存在，无疑与政府部门对学校教育的评价指标体系不完善、对学生素质的衡量标准不科学、对规范办学行为的督导监管不到位有直接关系[40]。张放平（2011）认为，“普九”尽管是政府层面大力推进义务教育均衡发展，但迄今为止，区域内义务教育均衡发展仍然面临着许多问题。在现有体制和理念下，各地为推进义务教育均衡发展所作努力的效果主要体现在改善义务教育学校的办学条件上。其重点解决了校际“生存性差距”问题，还没有从根本上解决“发展性差距”问题，发展性差距具体主要包括学校、教师及学生的发展问题[41]。

2. 义务教育差距影响因素的研究文献。

胡德仁（2010）通过建立小学教育投入模型分析财政转移支付各种形式对小学教育投入的影响。研究发现，虽然财力性转移支付能够起到均等化效应，但对让地方政府把财力性转移支付投入到小学教育中的行为缺乏足够的激励。研究还指出，应该通过立法来约束地方政府加大对小学教育的投入[42]。罗伟卿（2011）在其博士论文中利用面板数据模型首先分析了财政分权对小学教育和初中教育的影响，得出的结论为财政分权对小学教育的影响要大于初中教育，经济不发达地区的影响要大于发达地区；其次对比了财政收入分权和财政支出分权的影响，得出的结论为财政收入分权无助于缩小地区公共服务差距，但财政支出分权能极大地影响义务教育差距[43]。刘光俊、周玉玺（2013）用教育基尼系数作为教育服务均等化的代表指标，采用面板数据模型分析了财政分权、转移支付对教育服务均等化的影响，得出的结论为从全国整体看，财政分权与教育基尼系数正相关，财政分权度越高，越不利于教育的均等化发展，而人均净转移支付与教育基尼系数负相关；进一步又分析财政自给度与教育基尼系数的关系，得出了在财政高度自给地区，财政分权、转移支付与教育基尼系数之间存在负相关关系，但是不显著，在财政中度自给地区，财政分权、转移支付与教育基尼系数之间也是不显著，但是在财政低度自给地区，教育基尼系数与财政分权具有显著的正相关关系，而与人均净转移支付具有显著的负相关关系[44]。罗成（2014）利用BCC模型和Malmquist模型，比较四川省各地区的均衡性转移支付对义务教育均衡发展的影响，发现均衡性转移支付在四川范围内的均等化效果并不理想，东西部的差距非常明显，并且供给效率也呈现逐年下降的趋势[45]。李玲（2015）构建评价指标体系，运用DEA方法从三个角度分析教育资源的配置情况、资源配置效率及改进方法[46]。段哲哲、黄伟任（2016）使用面板数据分析讨论人口流动对教育财政的影响，得出的结论为人口流动确实挤占了流入地政府的教育资源，导致当地政府为了减少教育资源的挤占，会提高门槛，减少流动人口子女的入学[47]。陈霞、郭卫香（2016）采用灰色关联方法分析教育与经济发展的关系，最终的结论为小学教育和初中教育与经济发展的关联度最小，而高中教育与经济发展的关联度最强，中职教育与经济发展没有任何的关联度[48]。王嘉毅、封清云、张金（2016）研究了教育对精准扶贫的影响，认为教育在精准扶贫、脱贫中具有基础性、先导性和持续性作用，所以要实现精准扶贫、脱贫，就必须加强对教育的投入，提升贫穷家庭的受教育年限，提升劳动技能，用知识、技能实现脱贫致富[49]。王智勇（2016）运用空间图形形象地展示了我国调整生育政策后对义务教育资源配置的影响，认为“二胎”政策调整后势必会对城市义务教育资源配置产生重大的影响，所以各地政府应该不断地加大投入以迎接由于生育高潮带来的入学率急剧上升[50]。杨龙见、陈建伟（2016）讨论市场结构对义务教育供给的影响，得出的结论为市场越接近垄断结构，则会导致义务教育的供给越少[51]。

3. 义务教育自身公平程度以及差距测算的研究文献。

通过生均经费量化义务教育差距的研究成果较多，如顾佳峰（2010）使用空间静态面板数据分析我国生均经费的收敛性问题[52]。祁毓（2009）通过泰尔指数量化地区之间教育财政支出问题，认为中部地区泰尔指数最小且稳定，而东部地区和西部地区泰尔指数较大且相对不稳定[53]。王建容和夏志强（2010）利用生均经费来分析各地的义务教育均衡状况，得出我国各省普通小学生均预算内经费的绝对差距在增加，但绝对差距的增长速度有减小趋势[54]。夏雪（2012）分别研究了东部、中部、西部三个地区的小学生均经费，发现东、中部的生均教育事业费、西部地区生均公用经费，在各地区内部差距逐年扩大[55]。彭海燕（2012）运用GE指数分解法和基尼指数分解法，得出三大区域总体来说区域内和区域间差距都呈现出先升后降的趋势，并且区域间差距变动幅度不大[56]。王善迈、袁连生、田志磊（2013）通过构建教育发展评价指标体系，对我国31个省份的教育发展总体水平和教育机会水平、教育投入水平以及教育公平水平进行分析，最终得到的结论为教育发展总体水平和教育机会水平较高的省份其经济发展水平也较高，教育机会公平的影响因素为经济发展水平、人口和教育成本分担。在教育投入水平方面，东部经济发达省份较高，西部经济欠发达省份比中部经济较发达省份高；教育投入水平的影响因素为经济发展水平和人口。教育公平水平与经济发展水平没有密切关系，教育公平水平的影响因素为城乡经济发展差距和省内财政分权[57]。武向荣（2013）认为东部地区县域内生均经费支出水平高，但均衡水平低；中部地区呈现出生均经费水平和支出双低现象；西部地区小学县域内生均经费支出水平低，但均衡程度高[58]。周胜（2014）考察了各地区的义务教育投入，东部地区对普通小学、普通初中的教育投入在不断增加，中西部地区对普通初中的教育投入增加，对普通小学的财政投入比例下降，尤其是西部地区，财政投入比例下降的更快[59]。杨文和王海民（2014）利用泰尔指数研究我国财政性教育经费支出差距，得出我国东部地区普通小学教育经费支出的差距水平高于西部地区，西部地区的教育经费差距水平逐步抬升，两者有不断加大的趋势[60]。刘礼明和高蓓（2014）的结论为我国区域生均经费支出结构虽有一定程度的调整，但无论是生均经费水平还是区域内差距的“东高、中低、西平”的情况都没有得到根本改善，且东、中、西部的义务教育阶段生均经费差距仍在扩大[61]。李波、黄斌、汪栋（2019）认为省际之间生均经费的差距主要体现在生均公用经费的差距上，而生均事业经费差距较小。

4. 量化义务教育政策、法规对义务教育均衡的影响。

李祥云（2009）通过泰尔指数考察税费改革前后全国小学和初中生均投入的地区差距，得到的结论为改革后全国小学生均经费投入的省际分布不平等状况没有明显的改善，而初中则更加恶化[62]。卢珂（2014）使用某省三个校级和县级的微观数据，构建了倾向分数配对模型来检验新机制的实施效果，研究结果表明：新机制的实施有效地缩小了生均预算内公用经费的县际间差距和县域内差距，但在教师平均工资和生均教育事业费上，新机制的实施不能有效地缩小差距[63]。赵力涛（2015）从微观角度量化了教育体制改革对生均经费的影响，主要是讨论在省级统筹体制下、结合访谈得到的微观数据，量化分析某省内部校际之间、城乡之间、地区之间的生均经费是否有明显的变化，采用泰尔指数进行分析，得出的结论为：校际之间生均经费的差距在不断地扩大，但城乡之间生均经费的差距在逐年减少，教育经费总支出的地区差距在2008—2013年之间有升有降，无规律可言[64]。成刚（2015）认为总体来说新机制的实施没有促进义务教育均衡[65]。申菊梅（2017）从生均经费的视角讨论，认为义务教育法整体上没有促进义务教育的发展，省际之间生均经费的差距将会随着时间的推移越来越大[66]。雷丽珍（2018）对我国各省的生均经费差距进行分析，认为省筹的生均经费体制对缩小我国省际之间生均经费差距起到了良好的作用[67]。

5. 义务教育城乡差距和校际差距的量化文献。

城乡之间义务教育供给不均等已成为公认的事实，对于城乡之间义务教育差距的研究文献也较多，胡耀宗认为我国义务教育存在显著的城乡差距、区域差距和校际差距[68]。卢洪友（2008）通过构建评价指标体系对城乡义务教育差距进行综合分析，得出的结论为城乡差距是存在的，且主要存在于实际获得水平的差距[69]。瞿瑛（2008）利用列表的方式展示了2002—2005年我国小学和初中的生均经费、生均事业费、生均公用经费、生均基建费的城乡差距，认为从生均经费的角度分析，义务教育城乡差距是存在的，并且小学的差距要远远大于初中的差距[70]。郑宏波（2009）通过列表的方式，从信阳市师资力量、城乡义务教育经费生均支出、办学条件等三个方面罗列出各年各指标的具体数值，通过具体数值对城乡义务教育的差距进行量化分析，得出的结论是农村的各个指标均小于城市[71]。李清刚（2010）发放问卷进行调查，从三个层面分析城乡义务教育均衡发展的整体情况，结论为农村义务教育与城区义务教育不管是硬件还是软件方面都存在显著差距，两者发展不均衡、不一致，农村义务教育发展几乎全面滞后于城区义务教育发展[72]。田志磊（2011）构建城乡义务教育公平评价指标体系进行研究，计算城乡义务教育公平指数，并且讨论了财政分权和城乡差距的关系[73]。崔登峰、朱金鹤（2012）对新疆城乡差距分成不同的指标，对每个指标进行分析来量化城乡差距[74]。杨晓霞（2012）

采用实地调研的方法研究了湖北某县的义务教育城乡差距，认为城镇和乡村的义务教育发展不平衡是调查中面临的首要问题[75]。师玉生（2012）从办学规模、师资队伍、办学经费、办学条件4个方面量化了甘州区城乡义务教育阶段的差距，得出的结论为小学阶段办学规模差距呈现出不断扩大的趋势，而师资队伍、办学经费和办学条件之间的差距较小，并且差距明显减小[76]。肖军虎、范先佐（2012）量化了山西省4个县市的城乡义务教育办学条件的对比，采用了配备学生用的计算机比例和配备多媒体教室的学校比例2个指标量化城乡差距。认为由于长时间内我国的城市教育由政府出钱、农村教育由农民买单，长期的各种教育经费支出向城市倾斜，导致了城乡差距的不断扩大[77]。钟云华（2013）从起点均衡、过程均衡、结果均衡3个方面对义务教育城乡非均衡进行分析，得出的结论为在起点阶段城乡已经存在非均衡，并且城市随迁子女入学率的非均衡表现就更为明显了。从物质配置来说，城市优于农村[78]。吕普生（2013）认为义务教育生均经费的城乡差距虽有波动，但总体上呈现出缩小趋势，但是生均经费的城乡差距一直存在，且绝对差值依然相当大。而城乡之间的教师合格率差距微弱，但教师质量却一直维持着巨大差距，教师质量的城乡差距并没有明显的缩小趋势[79]。姬秉新、王从华（2013）研究了西部某省的城乡义务教育差距，认为城乡之间存在着很大的不均衡，其中不均衡的具体表现为：城乡学校办学条件、教育经费投入、师资力量、教学质量、生源质量等5个方面均存在不均衡[80]。凡勇昆、邬志辉（2014）从几个不同的方面对城乡差距进行量化，从师资方面进行分析，得出的结论是村屯学校普遍缺编，城乡师班比差距显著，而教师的高级职称以及专任教师培训率这2个方面城乡差距不显著[81]。吴健梅（2014）通过实地调研的方法分析山东省日照市的城乡义务教育差距，认为是由于师资的差距导致学生过多地选择择校[82]。

现阶段对义务教育校际差距进行量化分析的单独文献较少，主要有李秉中（2005）采用罗列法，使用具体的数据罗列了贵阳市典型学校之间的生均经费差距和师资差距，总的结论是校际差距仍然较大[83]。程方平

(2006) 对北京海淀区的义务教育均衡发展进行调研，得出的结论是海淀区在义务教育均衡上，除中关村外，包括南部城区、西部郊区和面积广大的北部农村地区，学校之间的差别明显存在，而且差别还在迅速扩大[84]。吕普生认为在校际差距方面，无论是全国层面还是县市层面，校际差距都相当显著，县市范围内生均公用经费的校际差距甚至达到上百倍。公共教育资源在城市示范学校和农村薄弱学校之间的分配差距尤为显著。校际间教育资源的巨大差距直接影响着不同学校师生的生存状态、教学质量和教育成效[79]。安晓敏（2007）利用基尼系数分别测算了地区内城市之间的生均经费差距和农村学校之间生均经费的差距，得出的结论为基尼系数的变化呈现都不是平稳发展的特性，城市校际之间和农村校际之间存在差距，但是不具有持续性的变化特性[85]。栗玉香（2009）认为校际间教育财政非均衡的主要表现为：校际间的财政差距明显高于区县间差距，校际间财政的存量差距高于增量差距，公众对校际间均衡的满意度也低于区县间，缩小校际间财政差距是义务教育财政投入的重点[86]。

6. 政府作用的研究文献。

郭清扬（2013）认为，我国长期存在的城乡二元结构会让城市和农村居民获取的教育资源不同，而政府在相关政策的制定执行过程中，势必会将一部分经费和资源向城镇偏移，且政府和教育部门会将更多的关注点放在城市，所以也会导致城乡资源存在较大的差距[87]。也有人认为，义务教育经费的投入从一定程度上来讲，并不是投入的越多越好，而是应该关注各种资源结构差异，不断地完善配置效率，提高配置资源的使用效率，使资金的使用达到利益最大化，同时也实现效率最大化。关松林（2010）认为要从经济社会的全面协调和可持续发展战略高度来认识义务教育均衡发展的价值，各级政府要统筹安排，将义务教育均衡发展纳入当地经济社会发展的总体框架，作为各级政府的重要工作内容[88]。刘荣（2015）则认为，由于我国政府财力有限，而且过度关注经济指标，所以在一些地方政府官员的思维中存在着“教育是长期目标，而经济是短期见效”，“抓教育不如抓经济更让你出政绩”的思想，导致了在财力有限情况下的财政投入不足情况[89]。

1.3 研究方法

本书主要采用了以下方法：

1. 文献资料法：对相关文献资料进行整理，综合分析文献中关于义务教育城乡差距的评价指标和评价方法以及政府在义务教育发展中的各种作用，根据综合分析的结果，分别构建量化城乡差距的评价指标体系和量化校际差距的评价指标体系以及政府对义务教育重视程度评价指标体系。

2. 德尔菲法：也叫专家评议法、函询调查法，是将相关的问题和问题对应的背景材料和知识，向有经验的专家或者学者进行咨询，综合他们的回复，将回复结果再反馈给他们，如此反复多次，直到形成一致的意见为止。本书根据初步形成的适合量化城乡差距的评价指标体系和量化校际差距的评价指标体系以及量化政府对义务教育重视程度的评价指标体系，然后集中运用专家的智慧，通过专家对这三个评价指标体系进行几轮的分析，最终形成有独到特色的量化城乡差距的评价指标体系和量化校际差距的评价指标体系以及量化政府重视程度的评价指标体系。

3. 统计方法的应用：综合使用变异系数、均值、方差、麦克伦指数、沃斯特根指数等统计方法来量化省际差距以及地区差距，然后使用空间动态面板数据模型分析生均经费差距的变化趋势，使用达标率量化分析城乡差距，构建理想值的方法量化校际差距，使用断点回归方法分析义务教育政策对义务教育发展的影响，使用地理加权回归方法讨论城镇化政策对义务教育的影响。

4. 函数型数据分析方法：使用函数型数据分析方法，对各省影响生均经费的因素进行综合评价，并根据函数型数据可以求解一阶导数的特点，对各指标的一阶导数进行分析，来讨论生均经费及各影响指标的增长情况。

5. 层次分析法和模糊综合评判方法：对所有构建的评价指标体系要综

合使用层次分析法对评价指标体系进行权重赋予，在进行具体的评判时，使用模糊综合评判法对不同层级政府的义务教育重视程度进行评判。

1.4 可能的创新和不足之处

1.4.1 可能的创新

1. 采用生均经费对义务教育省际差距和地区差距进行分析，对省际之间差距的量化除了使用基尼系数和泰尔指数外，还采用麦克伦指数、沃斯特根指数以及极差的方法对差距进行全面的分析，并在量化差距的基础上，采用空间动态面板数据模型对生均经费差距的趋势进行分析，通过趋势的变化分析差距。本书不仅量化差距，而且对差距的变化趋势进行分析，是本书的第一个创新。

2. 国内现有的关于城乡差距的量化更多采用某项指标进行量化分析，本书采用评价指标体系进行综合分析，主要进行教育公平的过程评价，将资源配置分为若干类，引入达标率的方法进行综合分析。该分析方法不仅能看出各省城乡差距的大小，还可以看出导致城乡差距的主要原因，以尽快弥补短板，实现义务教育的城乡均衡。在对某地区校际差距的量化中，提出理想值的思想，构建理想值测算方法，该方法的使用，不仅解决了校际差距量化的横向比较问题，而且解决了校际差距量化的纵向比较问题。对城乡差距和校际差距量化所提出的两种测算方法丰富了义务教育非均衡度量的研究，达标率测算方法和理想值测算方法是本书的第二个创新。

3. 在对生均经费影响因素的分析中，所有的文献都是单因素分析，本书采用函数型数据的综合评价法，对生均经费的影响因素进行函数型主成分综合评价，并根据评价结果对生均经费排名与综合评价排名不匹配的省份进行分析，根据分析结果提出相应的改进措施。使用函数型主成分综合评价方法对生均经费影响因素进行评价是本书的第三个创新。

4. 本书的第四个创新点是研究城镇化对义务教育的影响。本书认为现有的重视城市义务教育发展政策一定程度上导致了城乡差距。随着我国新型城镇化政策的不断推进，势必会促进义务教育经费的发展。而且本书认为地理位置不同、时间间隔不同，则省份之间的相互影响就不同。构建生均经费与城镇化等指标的地理加权回归模型，从时间和空间角度讨论城镇化对义务教育的影响。使用地理加权回归模型，从时间和空间角度分析城镇化对义务教育的影响是本书的第四个创新。

5. 本书的第五个创新点是评价政府对义务教育的重视程度。现有文献研究政府义务教育重视程度多是通过理论进行描述，本书通过构建评价指标体系，将政府重视程度进行量化，使用具体的数值进行分析，该部分研究在现有文献中是首创。

1.4.2 本书的不足之处

本书的第一个不足之处在于本书量化的是省际间、地区间生均经费的差距，由于微观数据难以获得和缺失，没有对省内地级市之间生均经费的差距进行量化分析，并且在进行综合评价时，也没有量化省内各县之间的义务教育状况，缺乏一定的微观量化，这是本书的第一个不足之处。

本书的第二个不足之处在于作者的专业是统计学，在进行模型的量化时，更侧重从统计学的视角进行考虑，从教育经济学视角进行量化分析较少。

1.5 结构体系

本书以量化分析义务教育差距为研究点，主要研究省际之间、地区之间、城乡之间以及校际之间的差距，对各省的义务教育投入能力和国家对义务教育投入的影响因素进行分析，根据分析结果提出相应的政策建议，主要包括以下9章内容：

第1章介绍义务教育差距的研究背景，对国内外量化义务教育差距的相关文献进行分析整理，对本书的研究内容和研究方法进行介绍总结，并对可能的创新之处和不足之处进行归纳。

第2章是核心概念的界定及理论基础，着重介绍义务教育均衡、义务教育公平的概念以及本书的理论基础，介绍了各种有关经费概念的界定，并且对义务教育经费能够产生影响的相关理论进行介绍。

第3章主要研究义务教育省际差距和地区差距，采用生均经费作为评价指标，对小学生均经费的省际差距和地区差距进行量化，并对差距的变化趋势进行分析。在本章中综合采用统计学的均值、极差、泰尔指数、基尼系数、麦克伦指数和沃斯特根指数等方法对生均经费的省际差距和地区差距进行量化，并采用空间动态面板数据模型对差距的变化趋势进行分析。

第4章主要研究义务教育城乡差距，通过对义务教育资源配置构建评价指标体系，采用达标率的方法量化分析各省的城乡差距。对于县域内的城乡差距，则采用微观指标构建指标体系，并且对比分析各个指标，对县域内城乡差距进行分析。

第5章主要研究义务教育的县域间差距和校际差距。通过对比分析不同省份县域之间的义务教育资源配置，以及相同省份不同县域之间的义务教育资源配置来量化分析县域之间的义务教育差距。对于县域内校际差距的量化，首先按照不同的资源配置，采用聚类分析的方法对县域内农村小学进行聚类分析，然后采用理想值的方法量化分析不同类别中各小学在资源配置上的校际差距。

第6章对影响生均经费的省内因素进行分析，首先采用函数型主成分方法对影响因素进行综合评价，然后选取典型省份，利用函数型数据的一阶导数对各省各指标的变化速度进行分析，最后根据分析结果结合各省实际情况提出相应的改进措施，以不断提高各省的生均经费。

第7章从两个角度分别讨论了宏观政策对生均经费的影响。第一个角度是研究城镇化政策对各省生均经费的影响，采用城镇化率作为城镇化的代表，采用地理加权回归模型，对各省的不同影响分别量化；第二个角度研究义务教育政策本身对义务教育发展的影响，利用断点回归的方法研究义务教育政策对生均经费将产生何种影响。

第8章对政府义务教育重视程度进行量化分析，认为政府对义务教育的重视程度在一定程度上会促进义务教育的发展。首先构建相应的评价指标体系，利用层次分析法对指标体系进行权重赋予，然后选取某一个具体的县，对该县使用模糊综合评判法分析该县政府的重视程度。

第9章对研究结果进行总结，并根据研究结论提出相关的政策建议。

第 2 章

相关概念界定

在进行量化分析前，有必要对相关的概念进行界定，以更好地理解义务教育优质发展和相应的评价指标体系，并更好地理解各种因素的作用机制。

2.1 义务教育相关概念的界定

2.1.1 教育及义务教育

教育是培养新生一代准备从事社会生活的整个过程，也是人类社会生产经验得以继承发扬的关键环节，主要指学校对适龄儿童、少年、青年进行培养的过程[90]，包括广义的教育和狭义的教育。从广义上讲，凡是增进人们的知识和技能、影响人们思想品德的活动，都是教育。狭义的教育，主要指学校教育，其涵义是教育者根据一定社会（或阶级）的要求，有目的、有计划、有组织地对受教育者的身心施加影响，把他们培养成为一定社会（或阶级）所需要的人的活动。教育学研究的教育指的是狭义的教育，即学校教育。

义务教育（Compulsory Education），又称免费教育或者普及义务教育，指国家以法律形式规定对一定年龄儿童免费实施的某种程度的学校教育。根据义务教育的定义，总结义务教育具有四个基本特点：义务性、强制性、免费性以及普及性。义务教育的义务性主要指达到义务教育年龄的适龄儿童必须接受义务教育，并且将接受该教育视为自己的权利，而家长则必须将适龄儿童送到义务教育学校接受义务教育，国家和社会有义务建立义务教育学校保证适龄儿童入学的权利。义务教育的强制性指《义务教育法》对任何适龄儿童都是适用的，并且有法律作为保障制度强制人们去实施。义务教育的免费性指对接受义务教育的学生及其家长“不收学费、杂费以及其他的费用，所有相关的必需费用皆由国家及政府承担”。义务教育的普及性指该规定适用于所有的适龄儿童，而不是部分适龄儿童。《中华人民共和国义务教育法》第四条规定：“凡具有中华人民共和国国籍的适龄儿童、少年，不分性别、民族、种族、家庭财产状况、宗教信仰等，依法享有平等接受义务教育的权利，并履行接受义务教育[91]。”

2.1.2 义务教育均衡发展

2002年，教育部在《关于加强基础教育办学管理若干问题的通知》（教基〔2002〕1号）中提出“积极推进义务教育阶段学校均衡发展”，首次出现“均衡发展”一词[92]。2005年，教育部《关于进一步推进义务教育均衡发展的若干意见》（教基〔2005〕9号）对“推进义务教育均衡发展”进行了完整、系统的表述[93]。义务教育均衡发展是针对目前义务教育不均衡现实而提出的一个概念，指政府通过法律和行政手段，确保适龄儿童接受义务教育的权利和义务，并为适龄儿童提供相对均衡的受教育的机会、条件，达到相对均衡的教育效果。所谓义务教育均衡发展，指在义务教育阶段，结合各地的经济发展状况、教育发展阶段以及社会实际，采取一定的措施减少省际之间、地区之间、校际之间以及城乡之间的差距，其最终目标是要通过合理配置教育资源，为每一位学生提供相对平等的教育条件，办好每一所学校，教好每一个学生，让每个儿童同在蓝天下，共同成长进步，都有一个美好的明天。

对义务教育均衡发展应从以下几个方面进行理解。(1) 义务教育均衡是全面性的均衡。义务教育应该满足不同阶层、不同群体对义务教育的需求，应保障所有受教育者在教育机会、教育过程和教育结果的全面需求。(2) 义务教育均衡是动态的均衡。随着经济的发展，人们生活水平的提高，对义务教育需求的层次、质量都会随之发生变化，所以义务教育的均衡发展也会出现均衡—非均衡—均衡的螺旋式上升过程，从而使义务教育均衡发展呈现出一种动态性。(3) 义务教育均衡是一种特色均衡。义务教育均衡不是千校一面的均衡，而是在保障教育基础上的有特色的均衡。我国地域宽广，民族较多，存在着民族和地域的差异，义务教育可以通过课程设置、课外活动等方面精心设计与地域特色相结合的课程，打造出本地区或者本校的精品特色、精品课程，但前提条件是在保障最基本的教育基础上实施。

2.1.3 教育资源

教育资源最先出现在教育经济学领域中，在1997年顾明远编撰的《教育大辞典》中指出：教育资源有广义和狭义之称。狭义的教育资源仅指办学条件。广义的教育资源（Educational Resources）亦称“教育经济条件”，包括教育过程所占用、使用和消耗的人力、物力和财力资源，即教育人力资源、物力资源和财力资源的总和。教育人力资源（Educational Manpower Resources）指用于教育领域的人力总称，包括教师、教育机构和学校管理人员、教学辅助人员、工勤人员和学生等。其中最重要的是教师，体现为教育过程中活劳动的消耗。教育人力资源是教育资源的重要组成部分，是教育首要的、能动的、起决定作用的因素。教育财力资源（Educational Monetary Resources）是用于教育领域的人力和物力的货币表现，包括一切物资的货币形态和支付劳动的报酬。教育物力资源（Educational Physical Resources）是用于教育领域的各种物质资料的总称，体现为教育过程中物化劳动的占用和消耗，是教职工和学生工作、学习、生活不可缺少的物质技术条件，是人才培养的物质基础，主要包括固定资产、材料和低值易耗品。教育资源配置指的是教育过程所占用、使用和消耗的人力、物力和财力资源分配、使用和流动的过程[94]。

2.1.4 教育公平理论

国外关于教育公平理论的三个经典文献分别是科尔曼、胡森和詹克斯的关于教育平等的论述。科尔曼1966年提交了《教育机会均等的报告》，认为教育机会均等不仅仅意味着资源均等，而且意味着学校的效益均等，并且提出了教育平等的四条标准。瑞典的教育学家胡森教授对教育平等的发展和理论过程进行了梳理，认为教育机会均等的过程经历了三个阶段的演变，提出了关于教育平等的观点，认为教育平等不仅包括学校之间的平等，还包括学生之间的平等。詹克斯的研究是从教育不平等出发，得出下面三个结论：（1）教育资源的不均等，不同的个人之间与不同群体之间，所获得的国家教育资源十分不均等；（2）学生入学机会的不均等，进入低成本学校的人（初等与中等教育）比进入高成本学校的人（学前与高等教育）更为符合均等的原则；（3）学生选择课程的机会不均等，即使所有的教育都免费，也不足以让人们实际受教育的机会达到均等。这反映了詹克斯对于教育公平概念的界定，认为教育平等不只是入学机会均等而已，教育的本质、特性以及学校教育在社会制度中扮演的角色与独特的功能，才是教育机会均等所应重视的课题[95]。

国内关于教育公平理论可以从教育学的角度和经济学的角度两方面进行分析。从教育学的角度分析教育公平包括四个阶段：（1）进入教育阶段的机会均等，就是要通过法律、法规或者政策的制定，保证每个适龄儿童入学机会都是相同的；（2）参与教育机会均等，就是政策制定者要实现受教育者接受教育的公平性，在基本的物质资源、人力资源上保持公平；（3）教育结果均等，所有受教育者在接受教育后面临着相同的教育成效；（4）教育对生活前景机会的影响均等，所有受教育者在接受教育后面临的机会均等，不会由于种族、性别的差异而受到不公平的对待。

经济学的观点认为教育公平就是教育资源的合理配置，在有限的教育资源条件下，使其均衡分布，即教育资源的地区分布、学校分布、群体分布以及时间分布等，主要以政府政策、经济水平、人口结构及社会文化意识形态等为主要的影响因素。教育资源的均衡分布事实上指教育资源在各级各类教育间的流动以及各区域之间教育的流动达到一种相对的稳定状态，其在理论上要求各区各级各类的教育资源供给量与该资源的需求量达到平衡，没有资源的短缺或是闲置，教育资源的配置效率达到最大化。

教育资源的合理配置必然包含着两个重要的价值取向：效率与平等。教育效率在社会学上是对教育功能的发挥程度进行考察，在经济学层面则是由教育的投入和产出以及教育资源的配置和使用进行反映。教育效率的合理配置不能单一和片面地遵从经济发展规律，而是对社会效率和经济效率共同考量。其中，教育资源的公平分配主要遵循以下几项原则：资源均等分配原则、政府财政中立原则、特殊需要调节原则、成本分担与补偿原则以及公共资源倾向于地位不利者原则。这是当前各国学者就教育资源分配公平与否的基本判断标准，也是实现教育公平的根本分配要求。

2.2 各种经费概念的界定

2.2.1 我国改革开放后教育财政体制的演变

改革开放后我国义务教育财政体制经历了三个阶段：

(1) 1985 年 5 月 27 日《中共中央关于教育体制改革的决定》指出，若要从根本上改变我国教育事业落后的面貌，则要以教育体制作为切入点进行改革[96]。教育体制的改革需在中央宏观调控的范围内下放权力，增强学校自主办学的能动性并由地方负责发展义务教育[70]。这个时期教育经费的来源主要是地方财政负责，乡镇财政收入主要应用于教育，国家在这个时期起宏观指导作用。这一财政体制的实施，对于各地区教育发展水平出现差距产生了很大的影响，经济发达地区，财政的充足使得对义务教育的投入较充足，而西部经济欠发达地区，由于财政的短缺，对本地教师工资都无法满足，更别提相应的其余的教育财政需求，两者较大的差距，使得我国基础教育仍然处于较低的发展水平，很多适龄儿童接受不到基本的义务教育，导致我国义务教育的发展在区域间存在着不平衡性，并且这种不平衡性一直延续到现在。

（2）《国务院关于基础教育改革与发展的决定》（国发〔2001〕21号）明确提出，加强农村义务教育是涉及农村经济社会发展全局的一项战略任务，各级人民政府要牢固树立实施科教兴国战略必须首先落实到发展义务教育上来的思想，完善管理体制，保障经费投入，推进农村义务教育持续健康发展。国务院办公厅《关于完善农村义务教育管理体制的通知》（国发〔2002〕28号）指出，实施“在国务院领导下，由地方政府负责、分级管理、以县为主”的体制[97]。县级人民政府对农村义务教育负主要责任，省、地（市）、乡等地方各级人民政府承担相应责任，中央政府给予必要的支持。在该规定中明确了各级政府的责任：省级政府需统筹编制各级农村义务教育的发展规划；县级人民政府负责制定并实施本地区农村义务教育的发展规划，组织实施农村义务教育，并对乡（镇）人民政府有关教育工作和农村中小学进行督导评估；乡（镇）人民政府负责组织适龄儿童、少年入学，严格控制义务教育阶段学生辍学，改善农村中小学办学条件，支持农村义务教育发展。

（3）2005年的《国务院关于深化农村义务教育经费保障机制改革的通知》（国发〔2005〕43号，以下简称“新机制”）按照“明确各级责任、中央地方共担、加大财政投入、提高保障水平、分步组织实施”的基本原则，逐步将农村义务教育全面纳入公共财政保障范围，建立中央和地方分项目、按比例分担的农村义务教育经费保障机制。中央重点支持中西部地区，适当兼顾东部部分困难地区。该通知强调了省级人民政府在本省各级人民政府的义务教育中应承担统筹落实教育经费的责任，那就是“经费省统筹、管理县为主”的新义务教育财政体制[97]。

2.2.2 我国教育的相关法律法规及政府政策

1. 义务教育法律的颁布。

《义务教育法》于1986年4月12日第六届全国人民代表大会第四次会

议通过，2006年6月29日第十届全国人民代表大会常务委员会第二十二次会议修订，2015年4月24日第十二届全国人民代表大会常务委员会第十四次会议第一次修订，2018年12月29日第十三届全国人民代表大会常务委员会第七次会议第二次修正。义务教育是国家统一实施的所有适龄儿童、少年必须接受的教育，是国家必须予以保障的公益性事业。实施义务教育，不收学费、杂费。国家建立义务教育经费保障机制，保证义务教育制度实施。国务院和县级以上地方人民政府应当合理配置教育资源，促进义务教育均衡发展，改善薄弱学校的办学条件，并采取措施，保障农村地区、民族地区实施义务教育，保障家庭经济困难的和残疾的适龄儿童、少年接受义务教育。国家组织和鼓励经济发达地区支援经济欠发达地区实施义务教育。义务教育实行国务院领导，省、自治区、直辖市人民政府统筹规划实施，县级人民政府为主管理的体制。县级以上人民政府教育行政部门具体负责义务教育实施工作；县级以上人民政府其他有关部门在各自的职责范围内负责义务教育实施工作。县级以上人民政府及其教育行政部门应当促进学校均衡发展，缩小学校之间办学条件的差距，不得将学校分为重点学校和非重点学校。学校不得分设重点班和非重点班。

2. 义务教育质量评价指南。

提出要遵循学生成长规律和教育规律，加快建立以发展素质教育为导向的义务教育质量评价体系，强化评价结果运用，健全立德树人落实机制，构建德智体美劳全面培养教育体系，引领深化教育教学改革，全面提高义务教育质量，努力培养德智体美劳全面发展的社会主义建设者和接班人。义务教育质量评价包括县域、学校、学生三个层面，三者构成完整的义务教育质量评价体系，其中县域的质量评价包括价值导向、组织领导、教学条件、教师队伍、均衡发展等五方面重点内容，旨在促进地方党委、政府坚持社会主义办学方向，加强对义务教育工作的领导，履行举办义务教育职责，促进县域义务教育优质均衡发展①。

---

① http：//www.moe.gov.cn/srcsite/A06/s3321/202103/t20210317_ 520238.html.

3. 改善贫困地区义务教育薄弱学校的基本办学条件。

妥善解决县镇学校大班额问题，加快缩小城乡、区域教育差距，促进基本公共教育服务均等化，各地规划调整完善，要确保建设规模和资金总投入与原规划大体相当，各地要加强资金统筹，整合中央和本地区义务教育改善办学条件相关投入，综合考虑地区财力差异，分档、分类划定省、市、县资金分担比例，对困难县市坚持省级“拿大头”，足额落实规划承诺的资金，确保不留资金缺口①。

4. 农村义务教育阶段学校教师特设岗位计划实施工作的通知。

建立并完善农村教师补充新机制，鼓励引导高校毕业生到基层就业，吸引更多优秀人才到农村学校从教，提高农村义务教育质量，切实加强乡村学校教师补充，优先满足连片特困地区和国家扶贫开发工作重点县村小、教学点的教师补充需求，县城学校不再补充新的特岗教师；进一步优化教师队伍结构，加强体音美、外语、信息技术等紧缺薄弱学科教师的补充；向本地生源倾斜②。

5. 全面改善贫困地区义务教育薄弱学校基本办学条件工作专项督导办法。

全面改善贫困地区义务教育薄弱学校基本办学条件项目实施期间（2015—2019 年）每年组织一次检查实施，并要求保障基本教学条件，实现学校选址安全、校舍符合抗震消防和采光通风要求，配齐必要的教学仪器设备、课桌椅、图书，有符合规定的学生锻炼空间和体育设施。对于教学点则要求实现设施配备齐全，满足教学和生活基本需求，教学质量和教育经费得到有效保障。对农村学校则要求推进农村学校教育信息化。实现农村学校宽带网络、数字教育资源、网络学习空间建设稳步推进，优质数字教育资源师生共享，在教育教学中深入应用，并且要求不断提高教师队伍素质。实现乡村教师资源配置明显改善，教育教学能力稳步提高，县域

① http：//www. moe. gov. cn/srcsite/A11/s7057/201707/t20170706_ 308778. html.

② http：//www. moe. gov. cn/srcsite/A10/s6991/201704/t20170421_ 303011. html.

内校长教师交流轮岗，乡村教师荣誉制度基本建立，生活条件有效改善，职业吸引力明显增强①。

6. 底线要求。

提出“底线要求”，要求各地政府应将“底线要求”作为全面改善贫困地区义务教育薄弱学校基本办学条件项目优先保障、必须完成的建设内容，并在实施过程中，以学校为单位予以优先落实。消除D级危房，新建校舍抗震设防类别不低于重点设防类，满足综合防灾要求，具备适合学生特点的体育活动场地和设施设备，有利于开展具有当地特色的体育活动，有可供开展多媒体教学的教室②。

7. 大力推进农村义务教育教师队伍建设的意见。

发展农村义务教育，办好农村学校，关键在教师，加快农村义务教育教师队伍建设，建立城乡一体化义务教育发展机制，从根本上解决农村教育发展的突出问题，促进教育公平，提高教育质量，推进社会主义新农村建设③。

2.2.3 义务教育经费的概念界定

1. 义务教育经费。

义务教育经费指义务教育活动所需要的一切费用。包括义务教育的基建费用，教学设备、教学仪器、图书资料等的购置与维修费用和教辅人员的培训、工资、福利费用等[98]。

义务教育经费的来源主要包括：（1）财政拨款，该项是义务教育经费的主要来源，义务教育法中明确规定了义务教育经费的三个增长[99]，为确保各地义务教育经费拨付的正常进行提供必要的法律保障。

---

① http：//www. moe. gov. cn/srcsite/A11/moe_ 1789/201512/t20151214_ 224911. html.

② http：//www. moe. gov. cn/srcsite/A06/s3321/201407/t20140730_ 172545. html.

③ http：//www. moe. gov. cn/srcsite/A10/s3735/201211/t20121108_ 145538. html.

（2）征收教育事业费附加。教育事业费附加是国家为了发展教育事业，特别是为普及九年制义务教育面向城镇企业、个体经营者和农村承包户征收的税收附加款项。这是解决义务教育经费来源的一项重要途径。《中共中央关于教育体制改革的决定》中明确规定，“教育费附加必须用于改善基础教育的教学设施，不得挪做它用”。（3）社会力量及个人捐资。目前我国实行九年义务教育，国家不断加大对义务教育的投入，该项收入在总的义务教育经费比重中已经非常小，只是一个有益的补充。

2. 生均教育经费。

生均教育经费是在一定地区范围内（如某省、某市），结合当地的经济发展水平和教育发展实际，制定每个学生拥有教育经费的标准，该标准是政府制定财政年度预算的依据，同时也是当地财政部门按照计划内在读学生数，向相关教育部门拨款的依据[99]。杨晓霞（2013）提出使用生均教育经费作为量化义务教育均衡发展的核心指标，本书借鉴该思想，使用生均经费量化义务教育发展的差距[100]。

3. 生均公用经费。

公用经费指保证中小学校正常运转所需经费，中小学公用经费的范围包括：学校维持正常运转所需开支的业务费、公务费、设备购置费、修缮费和其他属于公用性质的费用等。其中，业务费指为开展教学活动所发生的各项费用，包括教学业务费、实验实习费、文体维持费、宣传费等；公务费指为开展教学活动所发生的办公费、水电费、取暖费、公用差旅费、会议费、邮电费、机动车辆燃料费等；设备购置费指因教学和管理需要购置的仪器设备、文体设备、图书及其他设备；修缮费指教学和管理用房屋、建筑物和各类设备维修所发生的人工、材料费用，以及不够基建立项的零星土建工程费用；其他费用指上述费用以外的有关支出，包括按规定提取的职工教育经费等。生均公用经费，则是由县级以上地方政府根据本地经济发展水平制定的、在该区域内统一实行的、对中小学校按照计划内学生人数的财政拨款标准[101]。

小学生数：在这里小学生数指在校学生数，指的是参加义务教育的在校学生数。包括六年制的义务教育学生数和五年制的义务教育学生数。

4. 城市和农村的界定。

国务院于2008年7月12日批复了国家统计局与民政部、住房城乡建设部、公安部、财政部、国土资源部、农业部共同制定的《关于统计上划分城乡的规定》（国函〔2008〕60号，以下简称《规定》），《规定》将我国的地理区域划分成两个部分：城镇、乡村。其中，城镇分为城区和镇区两个部分，指的是街道、镇所辖的地域，与其实际建设连接的（村）居委会，和其他与政府所在地的实际建设没有连接但拥有3000人以上的特殊区域（比如开发区、工矿区、大专院校、科研场所、农场、林场等）；乡村指《规定》所划定的城镇以外的区域，包括集镇和农村，集镇指乡、民族乡人民政府所在地和经县人民政府确认由集市发展而成的作为农村一定区域经济、文化和生活服务中心的非建制镇。农村指集镇以外的地区[102]。

2.2.4 财政转移支付

1. 转移支付的界定。

转移支付最早出现在著名经济学家庇古1928年出版的《财政学研究》一书中，转移支付是为了解决政府间的财权和事权的不均衡现象，采取一定的方法和形式进行财政转移的政府之间的活动，转移支付是一种无偿支出，主要用途是为了弥补财政困难地区在公共产品的支出缺乏，目的是为了达到公共支出均等化，以实现社会的公平。

2. 转移支付的形式。

转移支付包括三种形式：

（1）一般转移支付，又称体制性转移支付，指上级政府根据依法核定的下级政府标准财政需要额与财政支出额的差量以及各地区间在人口、资源、贫富等方面存在的差别因素将其财政资金转作下级政府财政收入的一种补助形式。一般性转移支付是政府间财政关系的重要组成部分，目的是缩小地区间财力差距，实现地区间基本公共服务能力均等化。此类转移支付不规定具体用途，由接受拨款的政府自主安排使用。

（2）专项转移支付，是政府为了实现特定的目标而实施的转移支付，专项转移支付是有条件的拨款。地方政府对专项转移支付的用途没有安排的权利，必须接受中央的指挥。

（3）税收返还，在一定程度上来说不符合转移支付的性质，基本没有调节地区经济均衡发展、实现均等化的作用。政府制定税收返政策是为了提高地区发展经济的积极性，税收返还形式的推出在1994年的分税制改革之后才实行[103]。

3. 转移支付对义务教育的必要性。

（1）贫困地区教育相对落后，义务教育差距不断扩大，而义务教育本身是政府的重要职能之一，其经费应该由各级政府共同承担，因而有必要建立规范、公平、有效的义务教育专项转移支付制度，以弥补落后地区的义务教育较低投入。

（2）义务教育的义务性决定了各项经费由政府承担，普及性决定了投资的主体应该由中央政府和地方政府共同来分担。从目前我国的税收制度来看，中央有能力拿出一部分财政来扶植落后地区的义务教育投入。

（3）转移支付是在目前各地财政收入、在校学生数不均衡下实现义务教育优质发展的唯一途径。目前我国仍然存在着西部地区财政困难、中部地区在校学生数较多的现实状况，单纯依靠当地政府的努力很难完成义务教育优质发展，所以需要中央政府依据各地的实际情况实行财政转移支付。

4. 财政转移支付的计算方法。

由于没有具体的中央政府对各个省的财政转移支付数据，本书按照一般规则，以各省的财政支出减去各省的财政收入，两者的差值为中央对各省的财政转移支付数据。

2.3 影响因素的界定

1. 城镇化。

国务院总理李克强在2020年国务院政府工作报告中提出①，新型城镇化是以城乡统筹、城乡一体、产城互动、节约集约、生态宜居、和谐发展为基本特征的城镇化，是大中小城市、小城镇、新型农村社区协调发展、互促共进的城镇化，该城镇化加强新型城镇化建设，大力提升县城公共设施和服务能力。新型城镇化之“新”，要区别于“造城运动”，真正将工作重心转移到进城人口权益的市民化上来。促进进城人口权益的市民化就势必需要不断增加对义务教育经费的投入，让在相同城镇的人群享有相同的受教育权利，势必要增加教育经费投入，从而在一定程度上减少义务教育校际之间的差距。

2. 经济增长和人均财政收入。

经济增长（Economic Growth），通常指在一个较长的时间跨度上，一个国家人均产出（或人均收入）水平的持续增加。经济增长，会引起当地财政收入的增加，财政收入的“蛋糕”做大做强，会让当地政府增加对义务教育的投入，从而增加当地的义务教育经费。

---

① http：//www. gov. cn/zhuanti/2020lhzfgzbg/index. htm.

第 3 章

省际差距与地区差距的量化研究

义务教育地区间、省际间的不均衡需要进行合理的量化。只有合理量化地区间、省际间的不均衡，才能精准分析全国义务教育发展状况，为制定义务教育政策提供建议。国家中长期教育改革和发展规划纲要中明确提出要不断缩小义务教育省际差距，充分实现教育公平，教育公平的重点是义务教育优质均衡发展。目前，我国还存在着义务教育非均衡，地区之间、省际之间还有很大的差距，只有合理量化差距，才能更好地促进义务教育优质发展。而生均经费及其衍生指标能准确有效地刻画义务教育均衡发展的主要方面，且生均经费比较容易收集和整理，数据的可比性强，在一定时期内比较稳定，所以采用生均经费量化差距具有一定的合理性[98]。

本章以生均经费为研究指标，采用教育基尼系数、极差、麦克伦指数、沃斯特根指数、变异系数、泰尔指数对小学生均经费①的省际差距和地区差距进行量化分析，并借鉴绝对β收敛理论分析生均经费的变化趋势。首先使用上述指标对生均经费省际差距进行量化，得出的结论为省际差距的教育基尼系数在减小，但极差在不断增大，麦克伦指数在不断减小，说明位于中位数以下省份省际之间生均经费差距较小，而沃斯特根指数则说明位于中位数以上省份省际之间差距较大。对生均经费省际差距进行绝对β收敛检验，结果说明省际差距不具有收敛性，随着时间的推移，省际差距将越来越大。在地区差距的分析中，东部地区生均经费高于中西部地区，东部地区的变异系数最大，说明内部生均经费差距最大，中西部地区的变异系数较小，中西部内部生均经费差距较小，泰尔指数的分析结果表明地区间差距小于地区内差距。在收敛性分析中，东部地区的生均经费绝对β收敛，生均经费的差距将随着时间推移越来越小，而中西部地区的生均经费不存在绝对β收敛，差距随着时间推移将越来越大。本章关于生均经费省际差距和地区差距的讨论，可以为实现省际间以及地区间义务教育

---

① 义务教育包括初中教育和小学教育，两者的研究基本类似，为了避免重复性，在此只研究小学义务教育，初中也可以采用相同的方法进行研究。以后各章都是一样的，没有特别说明，都只研究小学的差距。

优质均衡提供决策参考。

3.1 方法介绍

本章主要使用教育基尼系数、极差、麦克伦指数、沃斯特根指数、变异系数、泰尔指数等统计描述方法对生均经费进行描述，并借鉴绝对β收敛理论，采用静态模型和空间动态面板数据模型分析生均经费的变化趋势，通过以上方法综合量化省际差距和地区差距。下面对各种方法和理论进行简单介绍。

3.1.1 统计描述方法

1. 教育基尼系数。

基尼系数是根据 Lorenz Curve（洛伦茨曲线）所定义的判断收入分配公平程度的指标。本章利用教育基尼系数分析省际间生均经费的公平程度，以此量化省际差距。具体计算公式为：

$$G = \frac{1}{2n^2\mu}\sum_{i=1}^{n}\sum_{j=1}^{n}|x_i - x_j| \tag{3-1}$$

其中 $x_i, i = 1,2,\cdots,n$ 代表各省的生均经费，μ 代表全国生均经费，n 表示全国省级行政区的个数，本章讨论除香港、澳门、台湾以外的 31 个省、自治区、直辖市的教育基尼系数。

2. 极差。

极差也称全距或范围误差，它是测定生均经费变动最简单的指标，指 31 个省、自治区、直辖市的生均经费值中最大值与最小值之差，是生均经费值变动的最大范围。极差的计算公式为：

$$R = x_{\max} - x_{\min} \tag{3-2}$$

选取教育基尼系数和极差量化差距，是因为基尼系数对位于分布中端位置的生均经费变化比较敏感，而极差对位于分布两端的生均经费变化敏感，两者起到一定的互补作用。

3. 麦克伦指数。

麦克伦指数用来衡量生均经费位于中位数以下省份的公平程度，它是中位数及以下地区的实际支出与其全部达到中位数水平支出的比值，主要用于衡量局部差距。本书用麦克伦指数分析位于生均经费中位数以下省份的省际公平状况，该指标关注生均经费较低省份的公平状况。

麦克伦指数的计算公式为：

$$Macloone = \frac{\sum_{i=1}^{m} X_i}{mX_M} \tag{3-3}$$

其中，当 n 为偶数时，$m = \frac{n}{2}$，当 n 为奇数时，$m = \frac{n-1}{2}$，X_M 为生均经费的中位数。麦克伦指数越大，表示中位数以下区域的教育资源分配越公平，越小则表示分配越不公平。麦克伦指数的变动范围在 0—1 之间。

4. 沃斯特根指数。

沃斯特根指数和麦克伦指数恰好相反，讨论的是生均经费位于中位数以上省份的省际差距状况，计算方法是中位数以上省份的生均经费总和除以若这些省份的生均经费都取中位数时的总和。沃斯特根指数的变化范围是 1 以上，沃斯特根指数越小表示位于中位数以上省份间的生均经费差距越小，越大则表示差距越大。

沃斯特根指数的具体计算公式为：

$$Verstegen = \frac{\sum_{i=\frac{n}{2}+1}^{n} X_i}{mX_M} \tag{3-4}$$

当 n 为偶数时，$m = \frac{n}{2}$，当 n 为奇数时，$m = \frac{n-1}{2}$，X_M 为中位数。

麦克伦指数和沃斯特根指数能够分别反映位于中位数下方和中位数上

方省份的生均经费非均衡状况。这两个指标的量化，拓展了生均经费省际差距量化的视角，分别反映了较低省份之间的差距和较高省份之间的差距。

5. 泰尔指数。

泰尔指数最早作为衡量个人间或地区间收入差距（或者称不平等度）的指标，Russell（1985）在其论文中提到泰尔指数可以进行可加性和可分解性分析，将其分解为区域间差距和区域内差距的和。泰尔指数有很多种分解方法，本书采用 Salois（2013）的分解方法，其中 T_{LR} 衡量区域间不平等，认为造成区域间不平等的原因是由于区域间的均值不平等形成的，所以 T_{LR} 反映了各区域之间均值的差距对总体差距的影响程度。而 T_{iL_g} 衡量的是区域内各省之间的不平等，反映了各省之间不能由学生人数差距原因所解释的生均经费差距。总的区域不平等的均值使用加权算数平均值进行计算，使用学生人数作为权重。

本书使用的泰尔指数计算公式为：

$$E_i = \sum_{j=1}^{n_i} E_{i,j} \quad E = \sum_{i=1}^{3} E_i \quad a_i = \frac{E_i}{\sum_{i=1}^{3} E_i} \quad a_{ij} = \frac{E_{ij}}{E} \tag{3-5}$$

$$S_i = \sum_{j=1}^{n_i} S_{i,j} \quad S = \sum_{i=1}^{3} S_i \quad b_i = \frac{S_i}{\sum_{i=1}^{3} S_i} \quad b_{ij} = \frac{S_{ij}}{S} \tag{3-6}$$

其中，$E_{i,j}$ 表示 i 地区（$i=1,2,3$ 分别代表东中西三个不同的地区）j 省的小学义务教育经费的支出额度；E_i 表示 i 地区小学义务教育经费的总支出额度；a_i 表示 i 地区小学义务教育经费总支出占全国总支出的比重；a_{ij} 表示表示 i 地区 j 省的小学义务教育经费的支出额度占全国总支出的比重；$S_{i,j}$ 表示 i 地区 j 省的义务教育小学生数；S_i 表示 i 地区的义务教育小学生总数；b_i 表示 i 地区的义务教育小学生数占全国义务教育小学生数的比重；b_{ij} 表示表示 i 地区第 j 省的义务教育小学生数占全国义务教育小学生数的比重。

则 i 区域内不平等的计算公式为：

$$T_{iL_g} = \sum_{j=1}^{n_i} \frac{a_{ij}}{a_i} \ln\left(\frac{\frac{a_{ij}}{a_i}}{\frac{b_{ij}}{b_i}}\right) \tag{3-7}$$

区域内不平等的均值为：

$$T_{L_g} = \sum_{i=1}^{3} a_i T_{iL_g} \tag{3-8}$$

区域间不平等的计算公式为：

$$T_{LR} = \sum_{i=1}^{3} a_i \ln\left(\frac{a_i}{b_i}\right) \tag{3-9}$$

总的不平等计算公式为：

$$T_L = T_{LR} + T_{L_g} \tag{3-10}$$

泰尔指数和基尼系数的区别在于基尼系数计算相对简单，并且只关注均值的差距问题，且基尼系数无法分解，所以很多人对采用基尼系数描述各种不平等问题产生了质疑。而泰尔指数则克服了只关注均值及均值差距的问题，更多地展现了数据的基本特性，且泰尔指数度量不平等问题可以有效地解决分解问题，将总不平等分解为组间不平等和组内不平等，然后分别计算两者对总不平等的贡献。但泰尔指数不如基尼系数那样具有直观性。所以本章使用基尼系数来量化省际间生均经费的差距，可以直观展示省际间差距，使用泰尔指数来分析地区间生均经费的差距，可以分析差距的来源。

6. 变异系数。

变异系数又称标准差率、离散系数，是衡量各观测值变异程度的统计量。当进行两个或多个资料变异程度比较时，如果度量单位与平均数单位相同，可以直接利用标准差来比较。如果两者度量单位不同，比较其变异程度就不能采用标准差，而需采用标准差与平均数的比值（相对值）来比较。变异系数可以消除平均数单位不同对两个或多个资料变异程度比较的影响。变异系数有全距系数、平均差系数和标准差系数等。常用的变异系数为标准差系数，用公式表示为：

$$CV = \frac{\sigma}{\mu} \tag{3-11}$$

其中 σ 表示讨论变量的标准差；μ 表示讨论变量的均值。

3.1.2 变化趋势分析方法

以上统计方法主要对生均经费的非均衡进行客观量化。下面借鉴绝对 β 收敛理论分析生均经费的变化趋势。

1. 绝对 β 收敛的定义。

绝对 β 收敛是针对生均经费增量而言的，讨论的是生均经费的增长率与初始生均经费水平是否负相关。若负相关，则认为存在绝对 β 收敛，即生均经费的增长具有后发优势，省际之间的差距将越来越小，差距在未来某一时间趋于零。若正相关，则不存在绝对 β 收敛，生均经费省际之间的差距将随着时间的推移越来越大。若不相关，则生均经费的差距将沿着目前的态势一直持续下去。检验绝对 β 收敛的方法较多，本书采用静态模型和空间动态面板数据模型两种方法分别检验生均经费是否存在绝对 β 收敛，对检验结果综合分析，多角度讨论生均经费的收敛性，使结论更有说服力[104-105]。

2. 空间相关性检验。

空间相关性可以理解为位置相近的区域应该具有相似的变量取值，如果高值与高值聚集在一起，低值与低值聚集在一起，则为空间正自相关；如果高值与低值相邻，则为空间负自相关，如果高值与低值完全随机分布，则不存在空间自相关。计量经济学上有一系列的度量空间自相关的方法，目前较为广泛使用的是莫兰指数 I（Moran's I）和吉尔里指数 C（Geary's C）。

莫兰指数的计算公式为：

$$I = \frac{\sum_{i=1}^{n}\sum_{j=1}^{n} w_{i,j}(x_i - \mu)(x_j - \mu)}{S^2 \sum_{i}^{n}\sum_{j=1}^{n} w_{i,j}} \tag{3-12}$$

其中 x_i 表示 i 省的生均经费；x_j 表示 j 省的生均经费；μ 则表示全国经费的均值；$w_{i,j}$ 表示 i 和 j 省之间的空间权重①，$w_{i,j} \in \{0,1\}$；$\sum_{i=1}^{n}\sum_{j=1}^{n} w_{i,j}$ 为所有空间权重之和；$S^2 = \frac{\sum_{i=1}^{n}(x_i - \mu)^2}{n-1}$ 为样本方差。

莫兰指数的取值一般介于 -1—1 之间，大于0 表示正相关，即高值与高值相邻，低值与低值相邻；小于0 表示负相关，即高值与低值相邻，如果莫兰指数接近于0，则表示空间分布是随机的，不存在空间相关性。

吉尔里指数也称吉尔里相邻比例，具体的计算公式为：

$$C = \frac{(n-1)\sum_{i=1}^{n}\sum_{j=1}^{n} w_{i,j}(x_i - \mu)^2}{2\left(\sum_{i=1}^{n}\sum_{j=1}^{n} w_{i,j}\right)\left[\sum_{i=1}^{n}(x_i - \mu)^2\right]} \tag{3-13}$$

吉尔里指数的一般取值为0 到2 之间（2 不是严格上界），大于1 表示负相关，等于1 表示不相关，而小于1 表示正相关。

3. 静态模型。

使用静态模型检验绝对 β 收敛的公式为：

$$\frac{1}{k}\log\left(\frac{y_{i,t+k}}{y_{it}}\right) = B - \frac{1 - e^{-\beta^* k}}{k}\log(y_{it}) + u_{it} \tag{3-14}$$

$$e^{-\beta^* t^*} = 0.5 \tag{3-15}$$

其中，t 是观察期期初时点；$t+k$ 是观察期期末时点；k 代表观察期的时间长度；$y_{i,t+k}$ 代表 i 省在 $t+k$ 年的生均经费；B 是系数项；β^* 表示收敛速率，β^* 值大于0，表示生均经费收敛，即期初生均经费较低省份的增长速度高于期初较高省份，两者之间的差距随时间的推移逐步减小，生均经费将在未来某一时间趋于一致。正值越大，向稳态收敛的速度越快，趋于一致所需的时间越短。t^* 是半生命周期，指若生均经费绝对 β 收敛，则消除

---

① 根据 Aberu（2005），简单的邻接矩阵是最普遍的选择，所以本书使用空间邻接矩阵为空间权重矩阵。

较低省份与较高省份之间差距的一半所需要的时间年数；u_{it} 是误差项。

4. 空间动态面板数据模型。

上述静态模型，没有考虑个体效应、时间效应和空间效应，讨论生均经费收敛问题需要和各省不同的资源禀赋状况相联系。空间动态面板数据模型通过在模型中添加时间变量考虑时间效应，添加资源禀赋项考虑不同省的资源禀赋差异，各种影响因素的添加使讨论绝对 β 收敛的结论更有说服力[106-107]。

面板数据空间计量分析是由 Anselin 首次提出，主要用来讨论数据之间的空间相关性[108]，后由 Baltagi 和 Li 将其分析具体化[109]，Lee 和 Yu 研究了如何对空间动态面板数据模型进行参数估计，并使用该模型讨论美国经济增长的收敛性问题[110]，朱国忠使用空间动态面板数据模型分析中国的经济增长收敛模型[111]。本书使用空间动态面板数据模型讨论生均经费收敛性的意义在于：第一，引入空间因素反映生均经费的空间效应；第二，我国地域宽广，各省的资源禀赋状况必然不尽相同，空间动态面板数据模型通过添加资源禀赋项考虑各省自身个体效应；第三，本书的数据跨度为1995—2005 年和 2006—2020 年，通过添加空间维度和时间维度克服了样本数据较短的局限。各种影响因素的添加使得生均经费变化趋势的分析结论更有说服力。

结合本书研究的实际问题，构建如下空间动态面板数据模型：

$$y_{iT} = \beta_0 + \beta_1 \sum_{j \neq i}^{n_h} w_{i,j} \ln y_{j,T} + \beta_2 \ln y_{i,T-1} + \beta_3 \sum_{j \neq i}^{n_h} w_{i,j} \ln y_{j,T-1} + c_i + \eta_T + u_i \tag{3-16}$$

$$\phi = -\frac{\ln \beta_2}{k} \tag{3-17}$$

其中，T 是时间变量，$T = t, t+1, \cdots, t+k-1, t+k$（$t, k, t+k$ 的意义与前述相同）；y_{iT} 表示 i 省在 T 年的生均经费，$w_{ij} \in \{0,1\}$ 表示空间权重系数；β_1 代表当期空间自回归项，描述的是生均经费的空间相关程度；β_3 为空间滞后自回归项，描述的是生均经费当期与滞后期的相关程度；η_T 表示时间效应，c_i 代表各省不随时间变化的资源禀赋状况，u_i 表示误差项；β_2 和 ϕ 是本书重点关注的指标。若 β_2 显著小于1，则 ϕ 大于0，认为生均经费收敛，即生均经费较低的省份具有后发优势，能够在若干年后赶上较高省份，并趋于一致；且正值越大，收敛的速度越快。若 β_2 显著大于1，则 ϕ 小于0，则认为省际之间生均经费不收敛，即生均经费较低的省份恒低，较高的省份恒高，两者之间的差距将越来越大。β_2 与式（3-14）中的 $e^{-\beta^* k}$ 相对应；ϕ 表示收敛速率，与式（3-15）中的 β^* 相对应。

本书采用1995—2020年共26年数据，包括全国31个省、自治区和直辖市①生均经费数据，使用MATLAB16和STATA14.1软件实现模型分析和计算，数据来源于教育部、财政部、国家统计局联合发布的历年教育经费执行公告以及各年份《中国教育统计年鉴》和《中国财政统计年鉴》。

3.2　生均经费省际差距的量化

首先利用上述介绍的各种统计测度方法对生均经费②的省际差距进行量化，以此对省际间生均经费差距进行统计描述。

3.2.1　省际差距的统计描述

最大值、最小值及均值是直观分析生均经费变化的重要指标，可以对生均经费变化情况进行基本描述，以更好地理解全国生均经费的整体变化情况。结果如表3-1和图3-1所示。

---

① 重庆市1997年设立为直辖市，为了数据的完整性，通过倒推的方法测算出该市1995年、1996年的数据，并在计算四川数据时将重庆数据剔除出去。

② 本书讨论的是各省的差距，为了保证数据的可比性，在分析前将各省数据按照各年的通货膨胀率进行平减。

表3-1　　1995—2020年各年生均经费的统计描述　　（单位：元）

年份	最大值	省份	最小值	省份	全国均值
1995	1216.85	上海	144.24	河南	265.78
1996	1532.04	上海	165.65	河南	302.54
1997	1804.11	上海	186.2	贵州	333.81
1998	1935.09	上海	200.26	河南	370.79
1999	2346.25	上海	218.54	河南	414.78
2000	2755.79	上海	260.77	河南	491.58
2001	3612.05	上海	353.82	河南	645.28
2002	4389.66	上海	468.65	河南	813.13
2003	5340.96	上海	516.47	河南	931.54
2004	6680.22	上海	654.41	河南	1129.11
2005	7940.77	上海	744.46	河南	1327.24
2006	9409.78	上海	948.57	河南	1633.51
2007	11498.99	上海	1392.91	河南	2207.04
2008	13016.14	上海	1640.03	河南	2757.53
2009	14792.68	上海	1949	河南	3357.92
2010	16143.85	上海	2186.14	河南	4012.51
2011	18494.11	北京	2736.91	河南	4966.04
2012	20407.62	北京	3458.02	河南	6128.99
2013	21727.88	北京	3913.95	河南	6901.77
2014	23441.78	北京	4447.63	河南	7681.02
2015	25750.22	西藏	4575.27	河南	8838.44
2016	25793.55	北京	5036.31	河南	9559.89
2017	30016.78	北京	5759.21	河南	10199.12
2018	34056.72	北京	6801.84	河南	11328.05
2019	37292.92	北京	7423.51	河南	11949.08
2020	35411.73	北京	7665.53	河南	12330.58

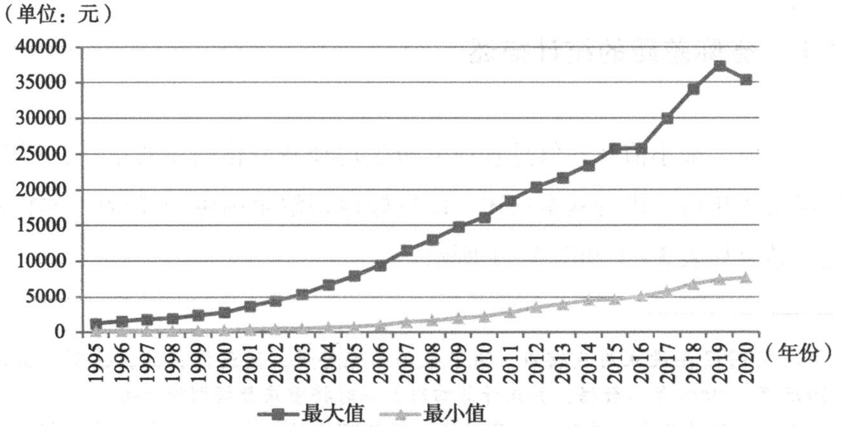

图3-1　1995—2020年全国生均经费的最大值、最小值

从表3-1、图3-1和图3-2看出，1995—2020年生均经费的最大值、最小值以及全国经费均值的绝对值随时间的推移都在不断增加。生均经费最大值对应的省份在2010年以前是上海，2011—2014年是北京，2015年是西藏，2016—2020年又是北京。上海和北京是我国的直辖市，无论是经济水平还是教育水平在全国都名列前茅；国家每年对西藏进行大量的财政转移支付，保证了充足的生均经费。生均经费最小省份除1997年是贵州外，其余年度均为河南。河南是中部受教育人口大省。2019年北京义务教育小学生数941614人，占全国义务教育小学生数的0.892%，小学义务教育投入为3511554万元，占全国义务教育小学投入的2.78%。河南2019年义务教育小学生数为10124818人，占全国义务教育小学生数的9.587%，小学义务教育投入为7516169万元，占全国义务教育小学投入的5.95%。受教育人口与义务教育财政投入的不成比例势必对当地的生均经费造成很大的影响，这也是河南生均经费较低的最主要原因。

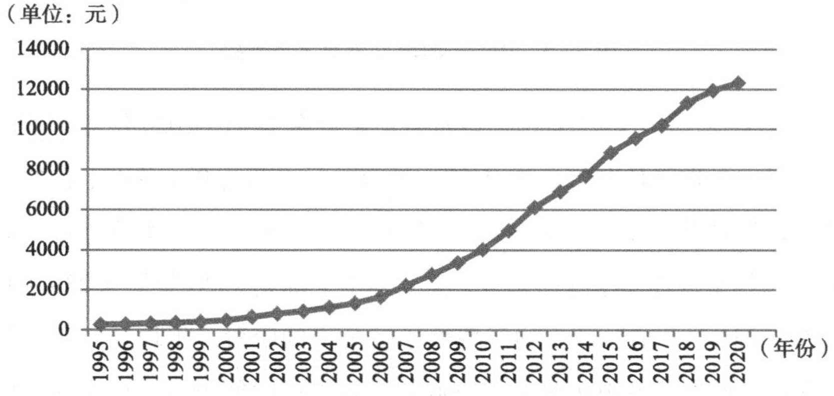

图3-2　1995—2020年全国生均经费时序图

通过上面的分析，对生均经费的基本情况有了初步的认识，下面我们测算教育基尼系数来量化生均经费差距的变化状况。结果见表3-2和图3-3。

表 3 – 2　　1995—2020 年各年的教育基尼系数

年份	1995	1996	1997	1998	1999	2000	2001	2002	2003
基尼系数	0.365	0.407	0.426	0.421	0.437	0.440	0.434	0.409	0.429
年份	2004	2005	2006	2007	2008	2009	2010	2011	2012
基尼系数	0.436	0.431	0.401	0.379	0.377	0.374	0.384	0.362	0.302
年份	2013	2014	2015	2016	2017	2018	2019	2020	
基尼系数	0.278	0.274	0.264	0.243	0.236	0.249	0.249	0.233	

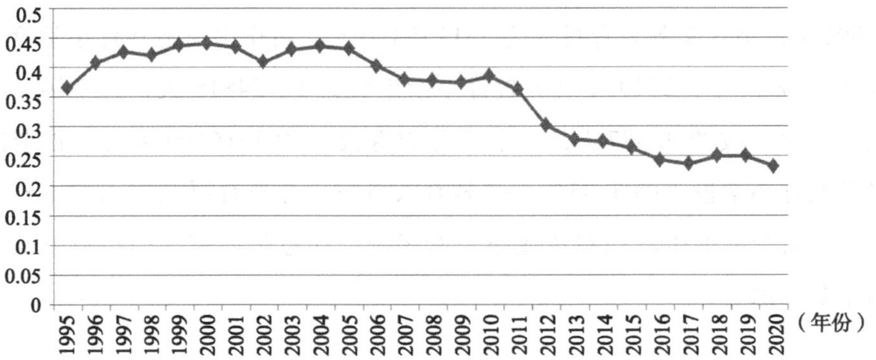

图 3 – 3　1995—2020 年教育基尼系数

从表 3 – 2 和图 3 – 3 看出，教育基尼系数在 1995—2020 年经历了两个阶段。第一个阶段是 1995—2005 年，教育基尼系数为 0.4 及以上，属于生均经费省际差距较大的阶段。第二阶段是 2006—2020 年，教育基尼系数在 2006 年开始呈现逐年下降的趋势，从 0.401 下降到 2020 年的 0.233。基尼系数为 0.233 说明省际间生均经费处于较公平的阶段，生均经费省际差距仍然存在，但省际差距在缩小。2006 年是重要的时间节点，颁布并实施了新机制，也实施了新义务教育法。中央政府加大对中西部地区义务教育财政转移支付，中西部地区生均经费快速增长，因而省际差距尽管仍然存在，但扩大速度有所减缓，使基尼系数整体降低。

需要注意的是基尼系数反映的是相对差距的降低，且基尼系数对位于分布中端的生均经费变化较敏感，而对位于分布两端的生均经费变化并不敏感。义务教育均衡是全国性的均衡，而不是生均经费位于分布中端省份的均衡，下面通过极差量化两端的变化趋势，以分析省际间的绝对差距。结果见表3－3和图3－4。

表3－3　　1995—2020年各年的极差　　（单位：元）

年份	1995	1996	1997	1998	1999	2000	2001	2002	2003
极差	1072.61	1366.39	1617.91	1734.83	2127.71	2495.02	3258.23	3921.01	4824.49
年份	2004	2005	2006	2007	2008	2009	2010	2011	2012
极差	6025.81	7196.31	8461.21	10106.08	11376.11	12843.68	13957.71	15757.2	16949.6
年份	2013	2014	2015	2016	2017	2018	2019	2020	
极差	17813.93	18994.15	21174.95	20757.24	24257.57	27254.88	29869.41	27746.2	

由表3－3可以看出，我国各年生均经费的极差在不断地增大，从1995年的1072.61元，到2005年的7196.31元，再到达到最大值2019年的29869.41元，到2020年又下降为27746.2元。整体来说，各年生均经费的极差绝对值变化呈现出不断扩大的趋势。极差在2005年呈现出一个明显的拐点，此拐点后，差距的变化趋势明显增大，对这两个阶段分别画出散点图可以很明显地看到两者的变化（见图3－4至图3－6）。

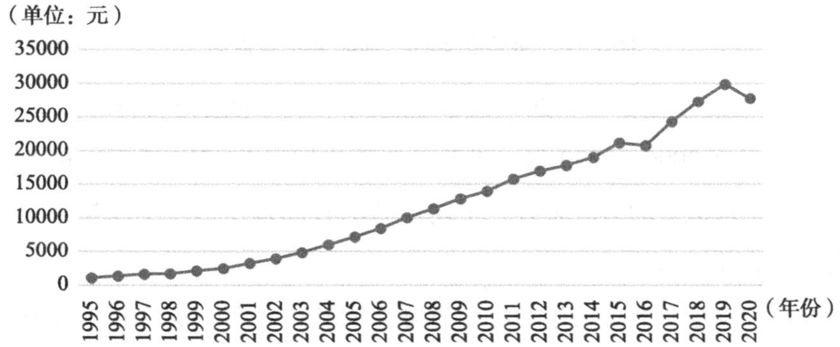

图3－4　1995—2020年极差的时间趋势图

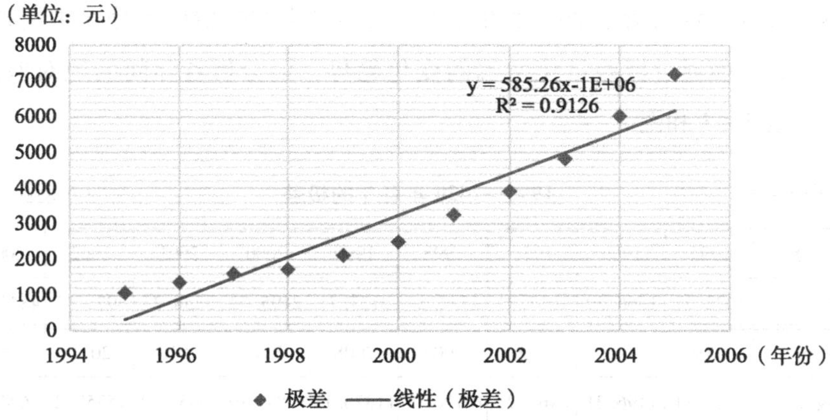

图3－5　极差在1995—2005年的散点图

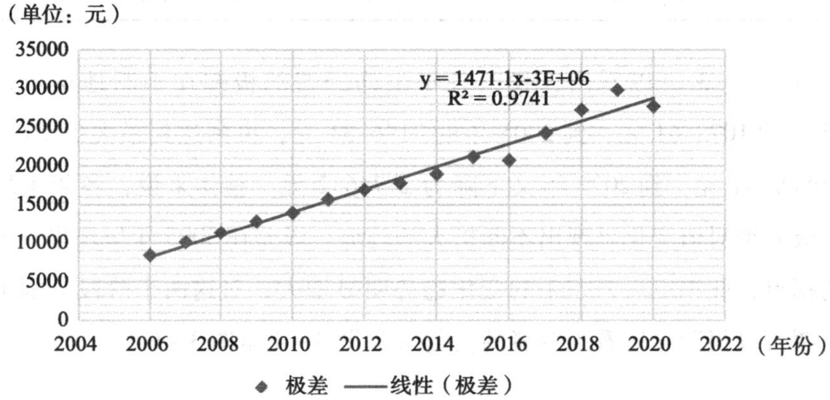

图3－6　极差在2006—2020年的散点图

图3－5显示在1995—2005年，极差每年平均增加为0.5853千元，图3－6则显示在2006—2020年，极差每年平均增加1.4711千元，极差增长速度变大。从极差的角度来看，生均经费的省际差距仍在不断扩大，并且扩大的趋势在加速。

极差和基尼系数反映生均经费省际之间整体差距，那么各个部分的差距如何呢？下面使用麦克伦指数和沃斯特根指数来量化部分省际之间的差距。

麦克伦指数的计算结果见表3－4和图3－7。

表3－4　　生均经费1995—2020年的麦克伦指数

年份	1995	1996	1997	1998	1999	2000	2001	2002	2003
麦克伦指数	0.618	0.672	0.696	0.628	0.676	0.672	0.714	0.718	0.743
年份	2004	2005	2006	2007	2008	2009	2010	2011	2012
麦克伦指数	0.753	0.804	0.824	0.829	0.767	0.800	0.804	0.798	0.812
年份	2013	2014	2015	2016	2017	2018	2019	2020	
麦克伦指数	0.862	0.851	0.857	0.851	0.848	0.836	0.868	0.856	

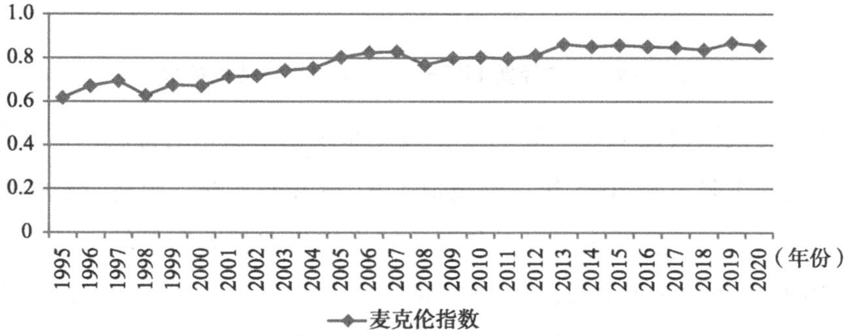

图3－7　生均经费1995—2020年的麦克伦指数

麦克伦指数的变化在1995—2020年的变动是较稳定的，基本呈上升趋势，麦克伦指数的变化反映了我国中位数水平以下各省生均经费的公平程度，总体来说，位于中位数以下各省的生均经费还是相对公平的，并呈现出不断向好的趋势，即各省生均经费与中位数的差距在不断减小。

下面利用沃斯特根指数测算生均经费位于中位数以上省份的差距状况，结果见表3－5和图3－8。

表3－5　　生均经费1995—2020年的沃斯特根指数

年份	1995	1996	1997	1998	1999	2000	2001	2002	2003
沃斯特根指数	1.452	1.672	1.794	1.622	1.729	1.709	1.776	1.717	1.870
年份	2004	2005	2006	2007	2008	2009	2010	2011	2012
沃斯特根指数	1.896	1.972	1.913	1.862	1.715	1.813	1.874	1.799	1.638
年份	2013	2014	2015	2016	2017	2018	2019	2020	
沃斯特根指数	1.655	1.609	1.551	1.555	1.511	1.534	1.600	1.529	

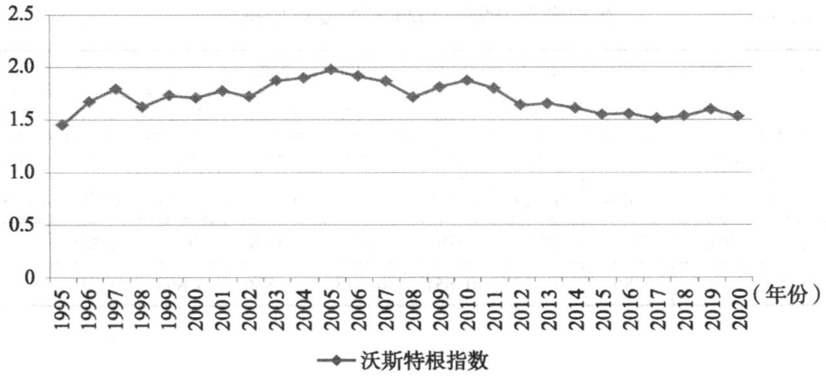

图 3－8　生均经费 1995—2020 年的沃斯特根指数

沃斯特根指数在 1995—2020 年的变动呈现出不稳定的特点，整体来说是先上升后下降，在 2005 年达到极值 1.97 后开始下降。沃斯特根指数上升，说明了我国中位数水平以上各省之间生均经费的差距是较大的。该指数在 2006 年开始逐年下降，到 2020 年的值为 1.53，仍然属于省际差距较大的范围。从沃斯特根指数的变化整体来说，我国生均经费较高省份省际间的差距是较大的。

3.2.2　省际差距的变化趋势分析

前一节对各省生均经费基本状况进行初步的统计描述，得出省际间生均经费存在较大差距的结论。本节使用空间动态面板数据模型对生均经费的变化趋势进行分析。

1. 空间相关性检验。

在使用空间动态面板数据模型进行分析之前，需要对数据进行空间相关性检验，只有数据之间具有空间相关性，才可以使用空间模型进行分析。分别采用 Global Moran's I（全局莫兰指数 I）和 Geary'C（吉尔里指数 C）指数检验空间相关性，检验结果如表 3－6 所示。

从表 3－6 看出两项检验的结果都支持省际间生均经费存在空间相关性，可以进行空间分析。省际之间生均经费空间正相关，意味着各省对相邻省份的空间影响应该是正向的，即若某省份的生均经费较高，则由于空间相互影响，相邻省份的生均经费也应较高。在这里需要说明的是，空间相关性只是引发生均经费收敛的诸多因素之一，各省的自然资源蕴藏及开采情况、国家政策实施也是引发生均经费收敛的因素。因此，空间相关性的存在不能保证生均经费的收敛，但空间相关性的存在可以确保进行空间分析。

表3-6　1995—2020年各省生均经费的空间相关性双侧检验

年份	*I*值	*z*	*p*	*C*值	*z*	*p*
1995	0.199	2.345	0.010	0.640	-1.885	0.030
1996	0.193	2.286	0.011	0.643	-1.870	0.031
1997	0.193	2.311	0.010	0.634	-1.886	0.030
1998	0.191	2.268	0.012	0.643	-1.860	0.031
1999	0.188	2.300	0.011	0.636	-1.838	0.033
2000	0.190	2.284	0.011	0.630	-1.907	0.028
2001	0.199	2.382	0.009	0.620	-1.947	0.026
2002	0.192	2.337	0.010	0.622	-1.911	0.028
2003	0.222	2.695	0.004	0.585	-2.063	0.020
2004	0.237	2.894	0.002	0.568	-2.119	0.017
2005	0.246	3.061	0.001	0.556	-2.128	0.017
2006	0.241	3.058	0.001	0.557	-2.092	0.018
2007	0.243	2.932	0.002	0.566	-2.151	0.016
2008	0.280	3.106	0.001	0.539	-2.469	0.007
2009	0.316	3.346	0.000	0.522	-2.702	0.003
2010	0.349	3.518	0.000	0.514	-2.962	0.002
2011	0.323	3.257	0.001	0.549	-2.781	0.003
2012	0.286	2.927	0.002	0.585	-2.547	0.005
2013	0.265	2.737	0.003	0.611	-2.391	0.008
2014	0.248	2.536	0.006	0.644	-2.280	0.011
2015	0.198	2.085	0.019	0.725	-1.756	0.040
2016	0.198	2.075	0.019	0.715	-1.842	0.033
2017	0.182	1.998	0.023	0.733	-1.600	0.055
2018	0.174	1.906	0.028	0.723	-1.688	0.046
2019	0.152	1.729	0.042	0.733	-1.591	0.056
2020	0.136	1.564	0.059	0.753	-1.496	0.067

2. 收敛性分析结果。

对数据进行空间相关性检验，得出数据之间具有空间相关性，可以使用空间动态面板数据模型进行收敛性分析。在上一节的分析中，我国生均经费的变化分两个阶段，所以在下面关于趋势的分析中也分两个时间段讨论生均经费差距的变化趋势，结果见表3－7和表3－8。

表3－7　　1995—2005年生均经费收敛性分析

系数	β_0	β_1	β_2	β_3	ϕ
数值	−0.62***	0.192***	2.691***	−0.016	−0.084
	(0.256)	(0.0189)	(0.391)	(0.0251)	

$^{*}p<0.1$, $^{**}p<0.05$, $^{***}p<0.01$。

表3－8　　2006—2020年生均经费收敛性分析

系数	β_0	β_1	β_2	β_3	ϕ
数值	−1.82***	0.262***	2.3***	0.031	−0.0556
	(0.619)	(0.0179)	(0.39)	(0.051)	

$^{*}p<0.1$, $^{**}p<0.05$, $^{***}p<0.01$。

表3－7和表3－8分别表示1995—2005年和2006—2020年生均经费的收敛性结果。对表3－7分析，1995—2005年的β_2值为2.691，显著大于1，得出我国生均经费不收敛的结论，即生均经费越高的省份，其增长速度也越快；生均经费越低的省份，增长速度也越慢，两者的差距将越来越大。对表3－8分析，2006—2020年的β_2值为2.3，也显著大于1，说明在这个阶段，我国省际间生均经费仍不收敛，省际间生均经费的差距仍将越来越大。两个时间段β_2值的比较说明我国省际间生均经费的差距并没有呈现出缩小的趋势，反而在不断地扩大。该结论和前面极差的结论相一致。

3. 模型稳健性检验。

以上关于收敛性的研究是基于生均经费自身的收敛性进行研究，没有添加控制变量，下面添加控制变量对生均经费的收敛性进行分析。我国在各项政策中都提到中央要加大对中部和西部地区义务教育财政转移支付，解决中、西部地区由于财政困难所导致的对义务教育的低投入，以尽快缩小地区差距，为实现义务教育优质均衡提供必要的经费支持。由此可见，义务教育的财政转移支付对义务教育生均经费产生重大影响，所以本书添加中央对各省的财政转移支付作为控制变量，研究生均经费的收敛性。表3－9为1995—2005年添加控制变量后省际之间生均经费的收敛性结果，表3－10为2006—2020年添加控制变量后省际之间生均经费的收敛性结果。

表3－9　　1995—2005年添加控制变量后生均经费的收敛性

系数	β_0	β_1	β_2	β_3	财政转移支付	ϕ
数值	－0.318**	0.156***	1.925***	－0.241	0.0561***	－0.05646
	(0.072)	(0.0213)	(0.281)	(0.189)	(0.00598)	

*$p < 0.1$, **$p < 0.05$, ***$p < 0.01$。

表3－10　　2006—2020年添加控制变量后生均经费的收敛性

系数	β_0	β_1	β_2	β_3	财政转移支付	ϕ
数值	－0.841**	0.135***	1.92***	－0.021*	0.0589***	－0.0434
	(0.290)	(0.041)	(0.190)	(0.016)	(0.00785)	

*$p < 0.1$, **$p < 0.05$, ***$p < 0.01$。

分析表3－9和表3－10的结果，发现添加控制变量和没有添加控制变量的结论基本相似，生均经费并没有呈现出收敛性，生均经费的差距仍存在不断扩大的趋势，更进一步验证了生均经费的省际差距没有减小，反而在不断地扩大这个结论。但是需要注意ϕ值的变化，那就是增加中央对各省的财政转移支付这个控制变量后，差距扩大的速度放缓，说明财政转移支付对减小省际间生均经费差距扩大应该起到一定的减缓作用，但是由于投入力度不足，导致还达不到缩小差距的程度。

3.2.3　小结

使用1995—2020年生均经费数据，利用统计方法对我国生均经费的省际差距进行量化，得出以下结论：

1. 利用基尼系数、极差、麦克伦指数和沃斯特根指数对差距进行量化，均得出我国存在生均经费省际差距的结论。从基尼系数看，省际间生均经费差距仍然存在，但和前期相比，差距扩大速度有所减缓。而从极差来看，生均经费省际之间差距仍在不断地扩大。麦克伦指数说明了我国生均经费位于中位数以下各省的生均经费还是相对公平的，并且呈现出向好的趋势。而沃斯特根指数则说明了位于中位数以上省份生均经费的公平性相对较差，说明位于中位数以上省份的生均经费差距较大。

2. 从生均经费变化趋势来看，1995—2005 年省际之间生均经费不存在收敛性，即生均经费较高省份，其增长速度也较快；而较低省份，其增长速度也较慢，两者之间的差距将会越来越大。2006—2020 年省际间生均经费仍然不存在收敛性，但差距扩大的速度较前一时间段有所降低。

3. 添加财政转移支付这个控制变量讨论模型的稳健性，得出的结论和没有添加控制变量的结论基本相似。但差距扩大的速度略有放缓，说明财政转移支付对缩小生均经费省际间差距存在一定的作用，但效果在短期内对差距扩大这个趋势几乎不能产生改变。

3.3 生均经费地区差距的量化

上一节对省际差距进行量化分析，得出的结论是省际间存在着较大的差距，并且省际间生均经费不存在收敛性，本节将分析地区之间的生均经费差距①。

---

① 本部分计算涉及的指标没有 2020 年相关数据，所以只测算到 2019 年。

3.3.1　地区差距的统计描述

在进行实证分析之前，首先描述三个地区①生均经费的基本情况（见表3－11、图3－9、图3－10）。

表3－11　　　　三个地区生均经费基本统计情况描述

年份	东部地区		中部地区		西部地区		东部是中部的倍数C	东部是西部的倍数D
	变异系数	均值	变异系数	均值	变异系数	均值		
1995	330.122	0.610	229.903	0.361	253.283	0.377	1.436	1.303
1996	379.395	0.678	257.604	0.333	288.422	0.459	1.473	1.315
1997	429.124	0.712	281.907	0.320	306.015	0.431	1.522	1.402
1998	478.225	0.685	307.124	0.368	351.259	0.452	1.557	1.361
1999	541.176	0.721	351.495	0.366	385.044	0.459	1.540	1.405
2000	643.043	0.729	437.260	0.392	447.629	0.448	1.471	1.437
2001	823.618	0.741	585.735	0.396	607.678	0.434	1.406	1.355
2002	1042.694	0.719	773.910	0.380	733.908	0.443	1.347	1.421
2003	1228.095	0.733	864.949	0.359	809.582	0.434	1.420	1.517
2004	1500.756	0.739	1051.468	0.329	950.525	0.418	1.427	1.579
2005	1750.235	0.730	1252.579	0.333	1105.583	0.411	1.397	1.583
2006	2133.538	0.713	1549.836	0.341	1416.170	0.328	1.377	1.507
2007	2877.060	0.668	2087.226	0.308	1903.201	0.403	1.378	1.512
2008	3579.500	0.638	2555.218	0.319	2479.350	0.341	1.401	1.444
2009	4317.774	0.599	3016.383	0.298	3128.086	0.353	1.431	1.380
2010	5216.982	0.565	3461.041	0.326	3802.484	0.385	1.507	1.372
2011	6369.486	0.542	4239.960	0.313	4694.925	0.409	1.502	1.357
2012	7301.006	0.512	5299.706	0.283	6206.321	0.323	1.378	1.176

① 东部：北京、天津、河北、广东、山东、福建、浙江、上海、辽宁、江苏、海南；
中部：山西、吉林、黑龙江、安徽、江西、河南、湖北、湖南；
西部：重庆、四川、贵州、云南、陕西、甘肃、青海、宁夏、新疆、内蒙古、广西、西藏。

续表

年份	东部地区		中部地区		西部地区		东部是中部的倍数 C	东部是西部的倍数 D
	变异系数	均值	变异系数	均值	变异系数	均值		
2013	7983.440	0.494	5954.911	0.254	7012.494	0.305	1.341	1.138
2014	8781.840	0.483	6871.314	0.260	7697.767	0.386	1.278	1.141
2015	9843.942	0.428	7895.988	0.279	9179.766	0.470	1.247	1.072
2016	10672.837	0.422	8607.427	0.274	9782.180	0.394	1.240	1.091
2017	11416.030	0.439	9214.194	0.255	10298.371	0.403	1.239	1.109
2018	12806.611	0.475	9888.219	0.219	11442.357	0.413	1.295	1.119
2019	13649.293	0.493	10386.220	0.199	11822.228	0.409	1.314	1.155

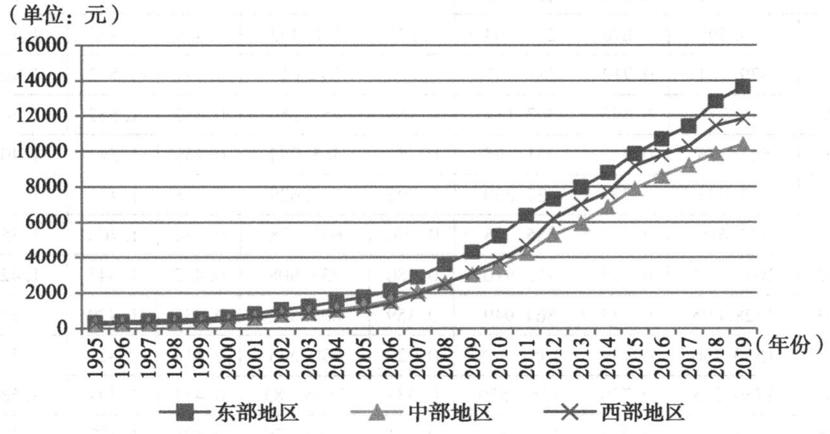

图 3-9　三个地区生均经费均值时序图

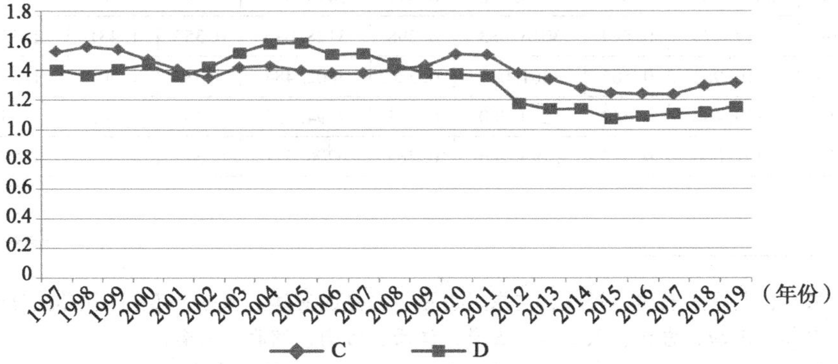

图 3-10　东部地区生均经费均值与中西部地区生均经费均值的倍数关系

表 3 - 11 描述了 1995—2019 年东、中、西三个地区各自的生均经费均值和变异系数，图 3 - 9 描述了三个地区生均经费均值的变化情况，图 3 - 10 描述了东部地区生均经费与中西部地区生均经费的倍数关系。从表 3 - 11 和图 3 - 10 可以看出，东部地区生均经费均值远远高于中西部地区，西部地区的生均经费均值高于中部地区。在 2011 年以前，东部地区的生均经费是中部地区的 1.4 倍以上，最高的年份 1998 年为 1.557 倍，到 2012 年下降为 1.502 倍，而后逐年下降，到 2017 年达到最低值后又有所回升，2019 年为 1.314 倍。对于西部地区，2011 年以前都是 1.3 倍以上，最高年份 2005 年为 1.583 倍，到 2012 年两者之间的倍数差距也开始逐步减少，2019 年减少到仅为 1.155 倍。仅从生均经费的角度看出，东部、中部、西部三个地区之间的生均经费差距经历了差距较大到差距不断减小的变化，尤其是到 2015 年，东部地区的生均经费均值仅为西部地区的 1.072 倍，但是随后各年又呈现逐步扩大的趋势。数据可以从侧面说明在 2015 年以前西部地区各级政府很注重义务教育的经费的财政支出，但是到 2015 年后由于其余各种原因，政府对义务教育的重视程度相比较以前有所降低，所以导致东西部之间的生均经费差距又有拉大的趋势。

图 3 - 9 和表 3 - 11 表明三个地区的生均经费基本都经历了三个阶段。第一个阶段是 1995—1998 年，这个时期三个地区的生均经费均值变动都较平缓；第二个阶段是 1999—2005 年，这个阶段三个地区的生均经费均值都经历了一个快速增长的阶段；第三个阶段 2006—2019 年，三个地区生均经费均值的增长速度较上一时期更快，曲线在 2006 年出现拐点。鉴于以上分析，同时也为了研究的一致性，在后面的研究中同样也分两个时间段讨论生均经费的收敛性，第一个时间段为 1995—2005 年，第二个时间段为 2006—2019 年。

变异系数是衡量地区内部生均经费离散程度的指标，变异系数越大，离散程度则越大，地区内省际间生均经费差距越大。根据图 3 - 11 和表 3 - 11 可以认为总体来说西、中部地区生均经费内部差距远远小于东部地区。东部地区的变异系数最大，变异系数最小的年份也为 0.45，变异系数越大，说明地区内部的差距越大，变异系数说明了东部地区尽管生均经费的均值大，但是在总体均值较大的情况下，掩盖了较大的内部差距。在东部地区的变异系数变化时序图上可以看出，变异系数从2006年开始逐年下降，并且呈现出直线下降的趋势，说明了东部地区的内部差距尽管大，但是在近几年有差距不断减小的趋势（见图3－11）。

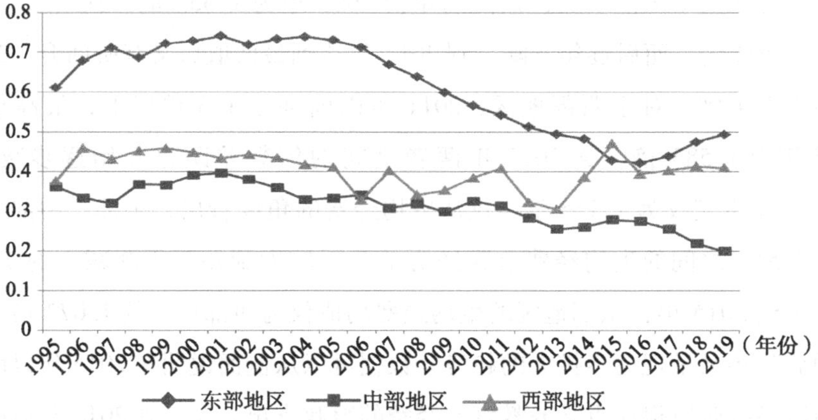

图3－11　三个地区变异系数值

中部地区的变异系数变化基本起伏不大，在2010年前基本是在0.3—0.4之间变动，但是中部地区的变异系数从2010年开始逐年下降，这就说明中部地区生均经费内部差距开始逐步减少。而西部地区的变异系数变化较为剧烈，西部省份教育支出基本是靠国家财政转移支付，国家财政转移支付的额度在一定程度上会影响当地的义务教育经费支出，所以各省的不同财政转移支付会影响生均经费。变异系数从2013年开始有了一个较快的上升，到2015年达到最大值后开始下降，这说明西部地区的生均经费内部差距是较大的。西部地区本身就是经济比较落后的地区，生均经费相对较低，内部差距在不断加大，该结论应引起一定程度的重视。

3.3.2　地区差距的指数分解

上一节通过变异系数和均值分析了三个地区生均经费差距的基本情

况，下面分析生均经费差距的来源，采用泰尔指数方法进行分解，以更好地了解差距的来源是存在于组内还是存在于组间。结果见表 3－12 和图 3－12。

表 3－12　三个地区 1995—2019 年生均经费的泰尔指数及其分解

年份	东部	中部	西部	区域内不平等均值	区域间不平等均值	总值	组内贡献	组间贡献
1995	0.116	0.050	0.045	0.078	0.019	0.097	0.805	0.195
1996	0.123	0.048	0.060	0.086	0.020	0.106	0.810	0.190
1997	0.127	0.044	0.066	0.089	0.024	0.113	0.785	0.215
1998	0.111	0.050	0.069	0.084	0.027	0.110	0.759	0.241
1999	0.107	0.055	0.054	0.078	0.027	0.105	0.744	0.256
2000	0.097	0.061	0.049	0.074	0.026	0.100	0.739	0.261
2001	0.098	0.062	0.043	0.072	0.021	0.093	0.771	0.229
2002	0.084	0.057	0.040	0.064	0.020	0.084	0.761	0.239
2003	0.083	0.055	0.042	0.064	0.026	0.090	0.713	0.287
2004	0.090	0.045	0.042	0.065	0.028	0.093	0.701	0.299
2005	0.091	0.051	0.038	0.066	0.027	0.092	0.713	0.287
2006	0.092	0.049	0.028	0.062	0.024	0.086	0.725	0.275
2007	0.088	0.039	0.025	0.057	0.022	0.079	0.717	0.283
2008	0.092	0.046	0.028	0.061	0.022	0.083	0.735	0.265
2009	0.098	0.045	0.033	0.065	0.021	0.086	0.754	0.246
2010	0.097	0.052	0.037	0.068	0.025	0.093	0.733	0.267
2011	0.084	0.043	0.044	0.062	0.022	0.084	0.737	0.263
2012	0.072	0.038	0.030	0.050	0.014	0.064	0.788	0.212
2013	0.067	0.032	0.026	0.046	0.011	0.057	0.809	0.191
2014	0.063	0.034	0.029	0.045	0.008	0.054	0.844	0.156
2015	0.048	0.048	0.028	0.042	0.008	0.050	0.845	0.155
2016	0.045	0.062	0.019	0.042	0.004	0.046	0.914	0.086
2017	0.044	0.051	0.018	0.113	0.004	0.117	0.966	0.034
2018	0.051	0.035	0.037	0.124	0.006	0.130	0.956	0.044
2019	0.054	0.030	0.045	0.130	0.006	0.136	0.952	0.048

从图 3 – 12 和表 3 – 12 看出，地区间的差距呈现出一定的变化趋势，其中东部地区的泰尔指数大于中、西部地区的，但东部地区的泰尔指数值呈现出不断减小的趋势，而中部地区的泰尔指数整体来说较平稳，基本在 0. 02 到 0. 06 之间变化，且在 2001 年以前是小于西部地区的，2001 年以后大于西部地区。西部地区的变化也较平稳，一直在 0. 02 到 0. 06 之间变化。三个地区的泰尔指数的组间差距值小于组内差距值，说明各组内部差距较大。

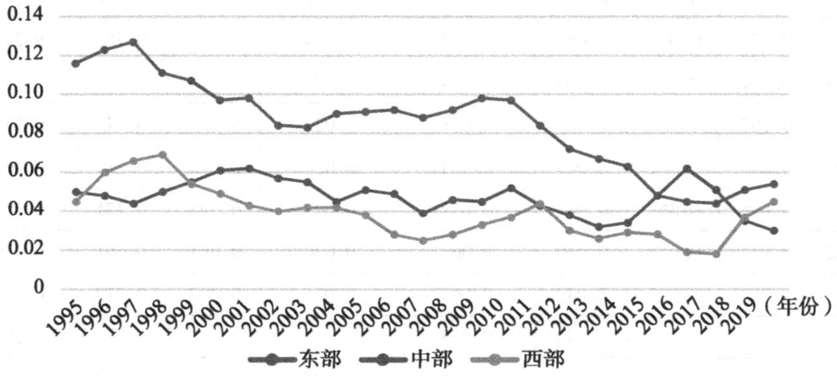

图 3 – 12　三个地区泰尔指数时序图

3. 3. 3　地区内差距的趋势分析

通过使用泰尔指数和离散系数得出了东部地区组内差距较大，中西部地区组内差距较小的结论，下面通过绝对 β 收敛分析三个地区组内生均经费的变化趋势。

1. 静态模型讨论绝对 β 收敛的实证检验。

前面量化生均经费省际差距时，分两个时间段讨论我国生均经费收敛性，为了确保研究结果的一致性和可比性，本节也采用两个时间段讨论地区内生均经费收敛性。表 3 – 13 描述了三个地区 1995—2005 年生均经费静态绝对 β 收敛检验结果，表 3 – 14 描述了 2006—2019 年生均经费静态绝对 β 收敛检验结果。

表 3-13　　1995—2005 年生均经费静态绝对 β 收敛

	β 值	R^2	半生命周期
东部地区	-0.097	0.55	不收敛
中部地区	-0.0647	0.67	不收敛
西部地区	-0.055	0.63	不收敛

表 3-14　　2006—2019 年生均经费静态绝对 β 收敛

	β 值	R^2	半生命周期
东部地区	0.013	0.737	57.9
中部地区	-0.009	0.905	不收敛
西部地区	-0.013	0.862	不收敛

表 3-13 看出 1995—2005 年生均经费的静态绝对 β 收敛分析中，三个地区均不存在绝对 β 收敛，即各地区内部生均经费较低省份的增长速度低于较高省份的增长速度，这种趋势发展下去只能使两者之间的差距越来越大。对三个地区的静态绝对 β 收敛结论分析，认为在 1995—2005 年三个地区的生均经费均不存在收敛。

表 3-14 可以看出，东部地区生均经费在 2006—2019 年静态绝对 β 收敛，即生均经费较低省份的增长速度高于较高省份的增长速度，东部地区内各省生均经费将在若干年后趋于一致。$\beta = 0.013$ 表示东部地区的生均经费差距以每年 1.3% 的速率缩小；半生命周期为 57.9 年，即生均经费差距若以每年 1.3% 的速率缩小，则较低省份和较高省份的差距将在 57.9 年后缩小一半，这说明尽管东部地区生均经费具有绝对 β 收敛的趋势，但由于东部生均经费较低省份生均经费增长速度还不够快，要想让差距缩小一半的水平，至少需要 58 年。西部地区和中部地区的生均经费在 2006—2019 年都不存在静态绝对 β 收敛，即生均经费较高省份增长速度一直较高，较低省份增长速度一直较低，两者之间的差距将越来越大。从静态绝对 β 收敛分析，生均经费只有东部地区在 2006—2019 年存在收敛，但需要一个很漫长的时间，才能使生均经费趋于一致，而中部和西部地区不存在收敛。

2. 空间动态模型讨论绝对 β 收敛的实证检验。

使用静态模型分析绝对 β 收敛，没有考虑时间因素和空间因素，下面使用空间动态面板数据模型检验绝对 β 收敛，结果如表 3－15 和表 3－16 所示。

表 3－15　1995—2005 年生均经费的空间动态绝对 β 收敛

	β_0	β_1	β_2	β_3	R^2	ϕ
东部地区	－1.278** (0.65)	0.429*** (0.086)	2.638*** (0.238)	－0.0743 (0.0811)	0.721	不收敛
中部地区	－0.151* (0.062)	0.215*** (0.011)	1.842*** (0.215)	－0.0286 (0.0428)	0.739	不收敛
西部地区	－0.313 (0.35)	0.158*** (0.052)	2.320*** (0.198)	－0.001 (0.0393)	0.782	不收敛

*** 代表 1% 显著，** 代表 5% 显著，* 代表 10% 显著。

从表 3－15 来看，三个地区 1995—2005 年 β_2 值均大于 1 且显著，三个地区的生均经费没有呈现绝对 β 收敛，即生均经费较高省份未来一直高，较低省份一直低，两者之间的差距将越来越大。三个地区 β_1 的值均大于零，空间分布正相关，即地区内部大部分省与邻近省的生均经费呈现相似的集聚特征，生均经费高的省份被生均经费高的省份包围，生均经费低的省份被生均经费低的省份包围。尽管空间分布正相关，但生均经费没有呈现出收敛的特性，可能的原因是义务教育经费的拨付主体是县级政府，而各县财政收入和相邻省份的财政收入相关性不大，所以出现上述的结果。从结果分析，我国 1995—2005 年东、中、西三个地区的生均经费均不存在收敛。

表 3－16　2006—2019 年生均经费的空间动态绝对 β 收敛

	β_0	β_1	β_2	β_3	R^2	ϕ
东部地区	0.860*** (0.184)	0.0680 (0.0786)	0.527*** (0.0594)	－0.0115 (0.0646)	0.793	0.04
中部地区	－0.167 (0.563)	0.418*** (0.0345)	2.457*** (0.329)	0.0138 (0.0156)	0.873	发散

续表

	β_0	β_1	β_2	β_3	R^2	ϕ
西部地区	-1.109 (0.799)	0.197 *** (0.0316)	2.521 *** (0.321)	0.0522 (0.0201)	0.756	发散

*** 代表 1% 显著，** 代表 5% 显著，* 代表 10% 显著。

由表 3-16 可知，东部地区 2006—2019 年 $\beta_2 = 0.527 < 1$ 且显著，说明该地区的生均经费绝对 β 收敛。$\phi = 0.04$，表示东部地区的生均经费差距以每年 4% 的速率缩小，东部地区的半生命周期为 12 年。这个结论和静态绝对 β 收敛的收敛速率值有较大差距，主要原因是使用静态模型分析绝对 β 收敛时，只考虑所讨论时期端点所对应的生均经费值，而空间动态面板数据模型将对讨论期所有年份的生均经费值都进行计算，且该模型考虑了资源禀赋差距和空间因素，势必会对生均经费的收敛速度产生一定的影响。东部地区的 $\beta_1 = 0.0680 > 0$ 但不显著，说明尽管各省之间的空间效应是正向的，但它们之间的相互影响是不显著的。东部呈现收敛可能的原因是东部地区生均经费较低省份自身不断加大对义务教育经费投入，和空间溢出效应关系不大。

中部地区和西部地区 2006—2019 年的结论和 1995—2005 年的结论相似，都是 β_2 的值大于 1 且显著，该地区的生均经费没有呈现绝对 β 收敛，中部地区和西部地区的生均经费不存在收敛性。

3. 添加控制变量后的空间动态模型检验绝对 β 收敛的实证分析。

添加控制变量对模型的稳健性进行检验。同样也是添加财政转移支付作为控制变量来进一步分析三个地区生均经费是否存在收敛性，结果如表 3-17 和表 3-18 所示。

表 3-17　1995—2005 年添加控制变量后的生均经费空间动态绝对 β 收敛

系数	β_0	β_1	β_2	β_3	财政转移支付	ϕ
东部地区	0.13 (0.0682)	0.269 *** (0.043)	1.121 *** (0.235)	-0.118 ** (0.0348)	0.1 *** (0.0309)	不收敛

续表

系数	β_0	β_1	β_2	β_3	财政转移支付	ϕ
中部地区	-0.0397 (0.0325)	0.319 *** (0.0312)	1.469 *** (0.245)	-0.0029 (0.0261)	0.0384 (0.0285)	不收敛
西部地区	-0.503 (0.815)	0.0901 *** (0.035)	2.321 *** (0.497)	-0.0348 (0.0317)	0.0619 *** (0.00397)	不收敛

*** 代表1%显著，** 代表5%显著，* 代表10%显著。

对表3－17结果分析，三个地区在1995—2005年生均经费添加控制变量后的结论和未添加控制变量的结论相似，即1995—2005年东、中、西三个地区的生均经费均不存在收敛性，生均经费的差距将变得越来越大。

表3－18　2006—2019年添加控制变量后的生均经费空间动态绝对β收敛

系数	β_0	β_1	β_2	β_3	财政转移支付	ϕ
东部地区	1.727 *** (0.169)	-0.053 (0.057)	0.509 *** (0.139)	0.0027 (0.0251)	0.489 (0.626)	收敛
中部地区	-0.425 ** (0.109)	0.202 *** (0.0561)	1.718 *** (0.310)	-0.089 *** (0.0286)	0.0712 *** (0.013)	不收敛
西部地区	0.153 * (0.071)	0.0428 *** (0.005)	1.951 *** (0.451)	-0.027 (0.0561)	0.529 *** (0.079)	不收敛

*** 代表1%显著，** 代表5%显著，* 代表10%显著。

从表3－18来看，2006—2019年的生均经费在添加财政转移支付控制变量后，结论和没有添加控制变量的结论基本相似，即东部地区的生均经费存在收敛，中部和西部地区的生均经费不存在收敛。但在表3－17和表3－18中需要注意一个结论，那就是东、中、西三个地区β_2的值在添加财政转移支付控制变量后均减小。东部地区的β_2值在2006—2019年有所减小，说明东部地区的收敛速度加快，地区内部生均经费差距减小的速度加快。其余不存在收敛的时间段，三个地区的β_2值尽管仍然大于1，但是β_2值比没有添加控制变量前减小，说明地区内生均经费差距增大的速度减缓。以上结论说明中央增加义务教育财政转移专项支付，对减少地区内的差距起到了一定的作用，但由于差距本身的过大或是财政转移支付的支付力度和效率存在一定问题，而导致短时间内无法使地区内部生均经费趋于一致。

3.3.4　小结

对生均经费的地区差距进行量化分析，得出以下结论：

1. 东部地区生均经费高于中西部地区，东部地区内部生均经费差距较大，中西部地区内部生均经费差距较小，泰尔指数的分解说明三个地区的组内差距大于组间差距。

2. 在绝对 β 收敛的检验中，中西部地区均不存在收敛性，说明生均经费的差距随着时间的推移将变得越来越大，而东部地区在 2006—2019 年存在着收敛，说明生均经费的差距随着时间的推移将变得越来越小，将在未来某一时间趋于一致。

3. 添加控制变量后，结论和没有添加控制变量的结论相似，即东部地区在 2006—2019 年存在收敛，但收敛速度较没有添加控制变量前加快了。而东部地区在 1995—2005 年、西部地区和中部地区在两个时间段内均不存在收敛，但差距扩大的速度比没有添加控制变量前减小了。说明财政转移支付只能延缓差距扩大的趋势，但是还不能起到减小差距的作用。

第 4 章

城乡差距的量化研究

上一章对生均经费的省际差距和地区差距通过使用基尼系数、泰尔指数以及空间动态面板数据模型的方法进行量化，得出省际间和地区间生均经费存在差距，并且差距仍在不断地扩大。上一章研究得出的结论是从宏观角度对义务教育省际差距进行量化。本章将从宏微观两个角度出发，对各省义务教育的城乡差距进行量化。

由于我国长期存在城乡二元结构，城乡之间无论在经济还是在教育上都存在较大的差距，教育方面的城乡差距主要表现在农村中小学教育经费严重不足，硬件设施和师资等方面都处于劣势，而资源配置的不均衡导致了受教育过程的不公平。义务教育阶段的不公平又将会延续到中等、高等教育以及人力资本的最大化实现。2019 年清华大学 3800 名新生中内地约 3400 人，国际学生和港澳台学生约 400 人。据清华大学公开资料显示，在内地招生的 3400 名学生中，农村及贫困地区的学生数量占比 19.3%，是 656 人，而其中学校通过自强计划和国家专项计划录取的学生，共有 379 人。如果没有针对贫困地区的自强计划和国家专项计划，清华的农村生源比例可能只有不到一成①。受教育程度不同、机会的不公平，随之造成就业的不公平，并最终表现为劳动收入的差距。城乡二元结构的限制，农村受教育人口基数庞大，我国教育不公平导致的人力资本不公平已经对提高经济增长、促进社会公平起到了严重的限制作用。教育的城乡不公平导致农村子女受教育程度、文化素质持续降低，如果这种状态无法得到改变，就可能导致低收入群体的代际传递，从而不利于实现共同富裕。农村子女属于地位较低的阶层，如果无法通过接受教育来改变其职业地位，将不利于中国社会阶层的上向流动，不利于建立更加和谐的社会。对义务教育城乡差距进行精准量化，分析差距的具体来源，促使农村义务教育的更好发展是本章量化义务教育城乡差距的主要目的。

义务教育公平包括三部分，第一是机会公平，指入学机会公平；第二是过程公平，指在校学生占用的教育资源相差无几；第三是结果公平，指

① https：//www. sohu. com/a/335140671_153839.

教育者知识技能掌握水平大致相同，预期未来获得的收入水平或获得成功的几率大致相同。由于未来关于收入水平的界定受到很多因素的影响，所以现在讨论教育公平都是仅仅讨论入学机会公平和过程公平。而我国自实行义务教育普及制度以来，全国各地的义务教育净入学率均达到了99.96%以上，义务教育巩固率达到了95.2%①，义务教育阶段学有所上的情况得到基本的满足，那就需要量化过程公平的问题。过程公平的量化主要是通过学生掌握的各类教育资源进行量化分析。

本章主要采用达标率量化省域内城乡差距，并采用微观调研数据量化西部地区某县域内城乡差距。对省域内城乡差距的量化，从师资力量、生均教学设备、硬件设施、生均公用经费四个角度构建量化城乡差距的评价指标体系。首先用达标率对各个评价指标进行量化，然后用主观赋权法综合各评价指标，以各省总达标率量化城乡差距。该方法量化城乡差距，不仅解决了城乡差距量化的结构性和整体性问题，而且解决了城乡差距量化的时间延续性问题，可以从各方面多角度的分析城乡差距。得出的结论为：各省的城乡差距总体上来看在不断地缩小，但是在进行具体指标分析时，发现与土地资源有关的评价指标中，农村的达标率基本为1，城乡之间基本不存在差距；但是涉及钱、财、物方面的指标，农村的达标率就较低，尤其是生均危房面积，到2020年农村达标率仅为0.6左右。在进行省份具体分析时，发现上海的达标率在全国排名较后，而上海的生均经费全国排名位于前2名，这就意味着在较高的生均经费外表下，掩盖着较大的城乡差距。在对县域内校际差距量化分析时，仍然沿袭上述达标率的方法，但具体结合当地指标获取情况进行分析，得出的结论是城市占据了较为集中的、大量的资源，而农村对资源占有率相对较低。

一般意义上的城乡差距可以有两种理解：一指城市（大中城市）与农村的差距；二指城镇（包括城市和县镇）与农村的差距，统计学意义上的城乡差距通常指后者。城乡义务教育差距的具体定义指农村义务教育的发

① http://www.moe.gov.cn/jyb_sjzl/sjzl_fztjgb/202108/t20210827_555004.html.

展与同期城市相比较而言有一定的差距。由于长期城乡二元结构，农村义务教育起点远远低于城市，且师资力量薄弱，相应的硬件条件以及配套设施等相比于城市而言都比较落后。县域内城乡差距的量化研究主要研究的是一个未达到义务教育优质发展县标准的城乡之间的义务教育差距。对于达到义务教育优质县的小学校，各校之间的差距主要体现在教学效果上，即学生成绩和家长对该校的评价中，更多的属于软评价，由于数据的缺失，本章不进行讨论。

目前关于城乡差距更多地侧重量化过程公平，即量化各个学校学生占用的教育资源是否公平。本章关于城乡差距的量化也是从教育资源差距的角度进行量化，对教育资源配置构建评价指标体系，使用达标率量化分析义务教育的城乡差距。具体做法是首先构建评价指标体系，然后使用达标率对各省城乡义务教育资源均衡状况进行分析，综合量化各省义务教育城乡差距，最后选取几个典型省份进行具体分析，根据分析结果，提出相应的政策建议。本章关于县域内城乡差距的量化同样也是构建指标体系，然后根据城乡资源的配置情况进行对比量化分析。

4.1 省域内城乡差距的量化

4.1.1 省域内城乡差距评价指标体系

1. 城乡义务教育差距评价指标体系的构建。

要测算城乡义务教育差距，就需要对涉及义务教育资源配置的各个方面进行分析，综合评价各省义务教育城乡差距。首先构建评价指标体系，在构建评价指标体系时，先根据现有的参考文献初步制定评价指标体系，将初步制定的结果寻找相关专家进行论证，根据专家反馈意见进行修改，再请专家进行审议，经过几轮的反复，又充分考虑到数据的可得性、代表性以及统计口径的一致性，最终形成评价指标体系，以此来量化城乡差距，构建的城乡差距评价指标体系见表4－1。

表4－1　　　　城乡差距评价指标体系

一级指标	二级指标	指标符号
师资力量A	生均专任教师学历A1	+
	生均专任教师职称数A2	+
	生均专任教师数A3	+
硬件设施B	生均教室面积B1	+
	生均实验室面积B2	+
	生均危房面积B3	–
	生均运动场地面积B4	+
生均教学设备C	生均计算机数C1	+
	生均图书数C2	+
	生均教学仪器设备值C3	+
生均公用经费D	生均公用经费D1	+
	生均预算内公用经费D2	+

备注：专任教师学历指大学及以上教师的人数。专任教师职称数指教师中具有小教高级及以上的教师数。生均指用该项指标除以对应的在校学生数。“+”代表指标是正向指标，该指标的取值越大越好，“－”代表负向指标，该指标的取值越小越好。在该评价指标中，除生均危房面积是负向指标外，其余均为正向指标。

2. 测算方法。

测算城乡差距有很多方法，如均值、方差、变异系数、基尼系数，但是上述方法都是从宏观角度进行具体分析，掩盖了内部的具体差距，本节使用达标率进行综合分析，通过达标率可以计算各分项指标之间的具体差距，为实现精准量化差距、帮助各省政府促进义务教育优质发展提供一定的数据支持。达标率指实际值对目标值的符合程度，具体计算公式为：

$$V_{i,j} = \frac{i\text{省}j\text{指标农村数值}}{i\text{省}j\text{指标城市数值}},\ j = 1,2,\cdots,12;\quad i = 1,2,\cdots,31 \qquad (4-1)$$

其中 $V_{i,j}$ 代表 i 省 j 指标的达标率。

在进行数据处理时，对于正指标直接计算达标率，达标率的值越大，则表明农村和城市的差距越小；达标率值越小，则表明农村和城市的差距越大。在具体处理中，为了保证计算结果的公平性，对于农村指标高于城市的，则认为达标率是 1，这并不是说明农村好于城市，而是说农村和城市之间的差距为零。对于生均危房面积这个负指标，则采用 0—1 赋值法，如果城市生均危房面积高于农村，则说明农村的危房状况好于城市，这时将达标率赋值为 1；如果城市的生均危房面积低于农村生均危房面积，则将生均危房面积达标率赋值为 0，说明农村的危房状况劣于城市，两者之间存在差距。如果城市和农村均没有危房，则达标率的值为 1。使用主观赋权法综合各指标的达标率，对各指标赋予相同的权重，则各省总达标率为：

$$V_i = \frac{(V_{i,1} + V_{i,2} + \cdots + V_{i,12})}{12} \tag{4-2}$$

V_i 表示 i 省的总达标率。

数据来源于《中国教育统计年鉴》和《中国教育经费统计年鉴》。数据说明：由于统计年鉴的限制，从 2003 年开始才有各省资源配置的具体数据，所以本章从 2003 年开始分析各省的城乡差距。2010 年以前，我国对于各省城乡区域的划分为城市、县镇和农村；2010 年及以后，各省对城乡区域的划分变为城区、城乡结合区、镇区、镇乡结合区、乡村。为了保证对比的完整性，在采用数据时，对 2009 年及以前的数据使用的是城市和农村的数据，而对于 2010 年及以后的数据采用的是城区和乡村的数据。

4.1.2　省域内城乡差距测算结果

根据前一节构建的评价指标体系和测算方法，对各省的义务教育城乡达标率进行测算，具体结果如下，表 4 - 2 为各省城乡义务教育达标率①，图 4 - 1 为全国城乡义务教育平均达标率时序图，表 4 - 3 为各评价指标达

① 篇幅所限，仅列出几个年份的数据，如有需要，敬请索取。

标率平均值，图4－2为各省的城乡达标率时序图，图4－3为各指标变化时序图。

表4－2　各省（自治区、直辖市）2003—2020年城乡义务教育达标率

省（自治区、直辖市）＼年份	2003	2005	2007	2009	2011	2013	2015	2017	2020
北京	0.783	0.876	0.912	1.000	0.917	0.999	0.998	0.926	1.000
天津	0.758	0.724	0.848	0.871	0.945	0.956	0.939	0.892	0.915
河北	0.671	0.777	0.838	0.849	0.846	0.845	0.874	0.972	0.992
山西	0.709	0.769	0.793	0.835	0.877	0.917	0.917	0.917	0.912
内蒙古	0.764	0.844	0.882	0.899	0.904	0.910	1.000	1.000	0.917
辽宁	0.721	0.731	0.740	0.752	0.779	0.794	0.842	0.879	0.889
吉林	0.751	0.742	0.762	0.808	0.843	0.859	0.908	0.911	1.000
黑龙江	0.739	0.759	0.769	0.773	0.787	0.843	0.868	0.909	0.917
上海	0.702	0.815	0.849	0.577	0.726	0.745	0.833	0.906	0.909
江苏	0.665	0.659	0.747	0.881	0.905	0.929	0.917	0.914	0.924
浙江	0.652	0.726	0.793	0.851	0.875	0.980	0.980	0.988	0.963
安徽	0.550	0.607	0.621	0.672	0.731	0.824	0.957	0.903	0.895
福建	0.627	0.736	0.795	0.815	0.817	0.874	0.879	0.877	0.962
江西	0.736	0.707	0.729	0.731	0.734	0.754	0.836	0.900	0.907
山东	0.656	0.700	0.732	0.752	0.821	0.800	0.835	0.950	0.968
河南	0.610	0.666	0.702	0.724	0.736	0.797	0.844	0.894	0.990
湖北	0.644	0.688	0.719	0.728	0.745	0.845	0.876	0.891	0.875
湖南	0.657	0.705	0.726	0.749	0.744	0.782	0.813	0.848	0.880
广东	0.629	0.588	0.599	0.644	0.703	0.799	0.948	0.879	0.948
广西	0.517	0.571	0.633	0.670	0.744	0.785	0.803	0.860	0.876
海南	0.614	0.651	0.722	0.753	0.810	0.828	0.873	0.904	0.899
重庆	0.561	0.613	0.660	0.677	0.726	0.781	0.838	0.892	0.888
四川	0.600	0.697	0.710	0.715	0.750	0.770	0.792	0.841	0.887
贵州	0.541	0.614	0.656	0.688	0.777	0.846	0.858	0.981	0.965
云南	0.547	0.612	0.662	0.695	0.762	0.784	0.834	0.881	0.887
西藏	0.480	0.543	0.623	0.666	0.773	0.798	0.867	0.951	0.870
陕西	0.612	0.713	0.762	0.819	0.868	0.898	0.994	0.992	0.996
甘肃	0.595	0.651	0.694	0.754	0.823	0.894	0.885	0.916	0.916
青海	0.623	0.661	0.723	0.715	0.708	0.829	0.934	0.981	0.962

续表

省（自治区、直辖市）\年份	2003	2005	2007	2009	2011	2013	2015	2017	2020
宁夏	0.681	0.712	0.730	0.758	0.784	0.936	0.959	0.896	0.955
新疆	0.613	0.748	0.774	0.795	0.763	0.776	0.830	0.901	0.901
平均值	0.645	0.697	0.739	0.762	0.798	0.844	0.888	0.915	0.928

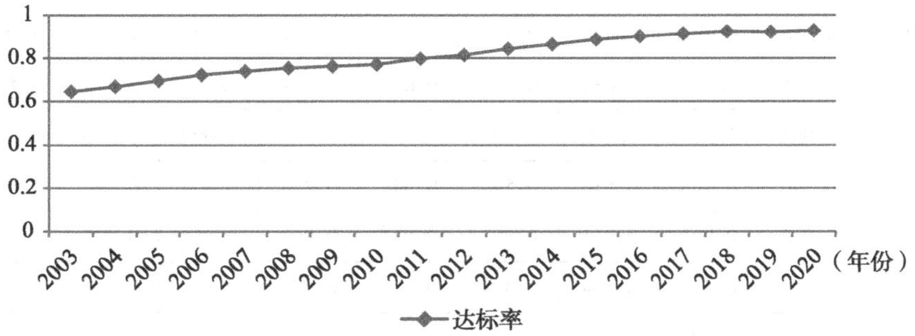

图 4－1　2003—2020 年全国城乡平均达标率时序图

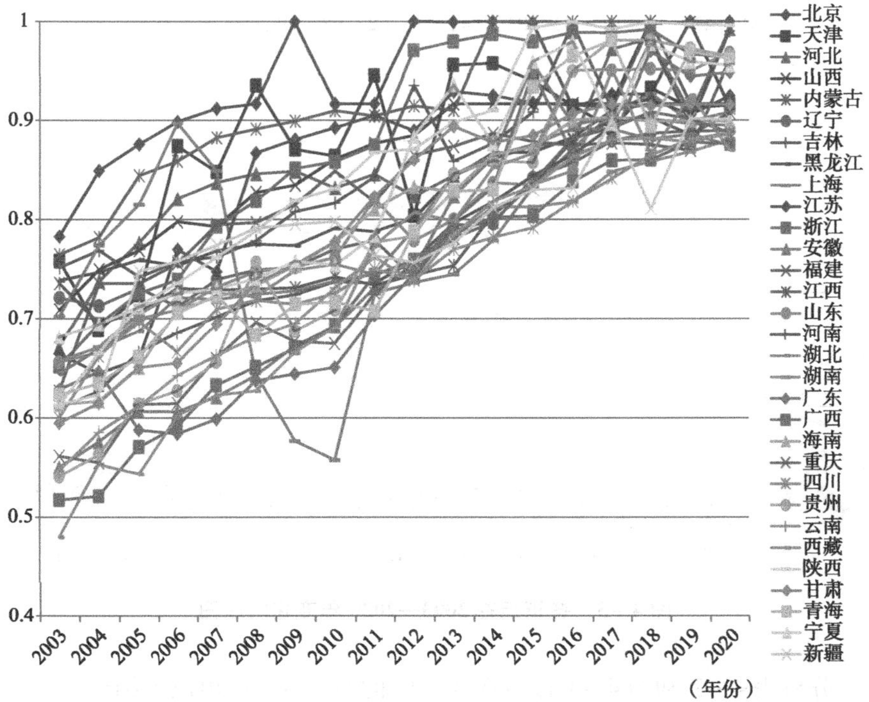

图 4－2　各省城乡达标率时序图

表4-3　　2003—2020年各评价指标达标率平均值

年份	2003	2005	2007	2009	2011	2013	2015	2017	2020
A1	0.181	0.240	0.321	0.421	0.551	0.700	0.789	0.841	0.932
A2	0.665	0.782	0.872	0.905	0.936	0.962	0.970	0.974	0.929
A3	0.908	0.945	0.983	0.984	0.992	0.993	0.998	1.000	0.998
B1	0.997	0.998	1.000	0.990	0.992	0.989	0.998	1.000	1.000
B2	0.820	0.871	0.921	0.920	0.952	0.991	0.993	1.000	1.000
B3	0.065	0.032	0.032	0.097	0.097	0.194	0.355	0.419	0.516
B4	0.997	1.000	1.000	1.000	1.000	1.000	1.000	1.000	1.000
C1	0.340	0.453	0.530	0.546	0.646	0.776	0.869	0.990	1.000
C2	0.777	0.891	0.911	0.897	0.933	0.964	0.984	0.988	0.995
C3	0.379	0.420	0.454	0.491	0.613	0.675	0.829	0.937	0.977
D1	0.790	0.826	0.880	0.916	0.909	0.931	0.916	0.896	0.874
D2	0.828	0.904	0.963	0.975	0.949	0.960	0.957	0.930	0.914

（备注：A1，A2，A3，B1，B2，B3，B4，C1，C2，C3，D1，D2代表的意义和表4-1相同。以下均相同。）

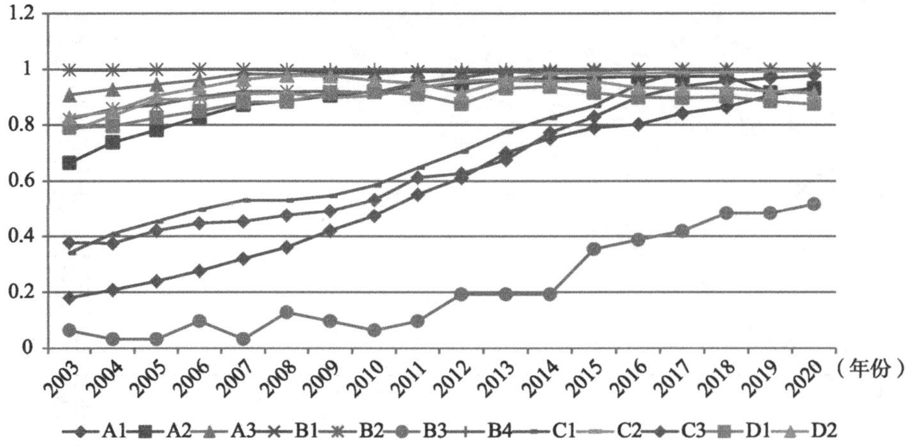

图4-3　各指标在2003—2020年变化时序图

分析表4-2和图4-1以及图4-2和图4-3，得出以下结论：

1. 我国义务教育城乡差距总体来说在不断的缩小，2003年达标率的平均值为0.645，然后逐年上升，到2018年达到了0.925，而后2019年略有下降为0.922，到2020年又重新上升，达标率均值达到最大值0.928，根据平均达标率的变化时序图可以认为，总体来说，我国义务教育城乡差距在不断缩小。

2. 师资力量这个一级指标中，三个二级指标都呈现出上升的趋势，说明城乡差距在该一级指标下均在不断减小。其中生均专任教师数城乡差距一直较小，在2003年达标率为0.908，其后各年达标率逐年上升，到了2016年达标率为1，2017和2018年也持续为1，已经没有城乡差距，到2019年和2020年略有下降，值为0.998，但是也几乎为1。这可以说明生均专任教师数在城乡间基本没有差距。生均专任教师学历数的达标率也呈现逐年上升的趋势，到2020年达标率达到最大值，为0.932，但未实现城乡差距为0的目标，城市和农村仍存在一定的差距。生均专任教师职称数达标率在2017年达到最大值0.974，2018年和2019年开始下降，但2020年又有回升，达到了0.929。通过该二级指标的分析，可以认为国家通过各种政策不断加强对农村学校师资力量的扶植，包括对教师职称评定有一定倾斜政策，该政策对均衡城乡师资起到了很大的作用，使得生均专任教师职称数和生均专任教师数的城乡差距不断减小。但由于农村自身公共资源配置低于城市，故导致很多大学生不愿意去农村教学，致使农村学校的高学历教师仍然较少，所以生均专任教师职称数至今仍未实现城乡差距为0的目标。国家应继续加大“三支一扶”的支持力度，招聘大学生去做农村教师，并签订服务期限协议，以切实解决农村教师的整体低学历问题。目前我国实行乡村振兴战略，无论是乡村的面貌还是乡村的整体环境，在未来都会有一个极大的改善和提高，相信在不久的将来农村学校对高学历人才的吸引力会大大提升，城乡之间教师学历数的差距会越来越小。

3. 硬件设施指标中，除生均危房面积这个指标在该二级评价指标中的完成率较低外，其余各指标的值都是较高的。生均教室面积、生均实验室面积以及生均运动场地面积的达标率从2017年开始一直为1。农村本身土地资源丰富，对于土地的需求不如城市那么紧张，所以在硬件设施方面，和城市的差距很小。生均危房面积采用的是0—1 方式进行赋值的，如果农村有危房，而城市没有，我们就将达标率赋值为0，如果城市和农村都没有，或者城市有而农村没有，或者是农村生均危房面积低于城市生均危房面积，这些情况对该指标都赋值为1。是生均危房面积在所有的评价指标中达标率一直很低，在2018 年和2019 年仅为0.484，2020 年为0.516，过高的危房率会导致学生没有安全的学习环境，对学生自身的人身安全不能给予一定的保障，该数据所反映的实际问题应引起政府足够的重视。

4. 生均教学设备值的3 个指标中，生均图书数的达标率在2020 年为0.995，说明城市和农村学生的生均图书数几乎没有差距了。生均计算机数在2020 年达到最大值1。随着近几年国家对农村支持力度的增大及对线上教学、远程教育的重视，各义务教育学校的计算机数又不断地增加。生均教学仪器设备值在2020 年平均完成率为0.977。从这三个指标也可以看出，随着时间的推移，各省的生均教学设备的城乡差距越来越小。

5. 生均公用经费和生均预算内公用经费的完成率在2013 年达到最大值后开始呈现出差距加大的趋势，生均预算内公用经费在2013 年达到最大值0.96 后开始逐年下降，在2020 年值为0.914。生均公用经费则是在2014 年达到最大值0.938 后开始下降，到2020 年下降为0.874。刚开始整体上升，可能是得益于国家政策的实施，农村义务教育的公用经费实行的是按学生数进行拨付，对于不足100 人的学校按照100 人拨付，因而对于低于100 人的小学校，则生均公用经费必将高于城市和其余农村学校，整体提升了农村的生均公用经费，所以公用经费的达标率呈不断上升趋势。但是到了2014 年，大量的撤并义务教育教学点使得很多学校学生数超过了100 人而不满100 人按照100 人进行经费拨付的红利消失了，从而又使农村生均公用经费较城市的生均公用经费较低。

从各省来看，除上海外，各省的总体达标率都在曲折中逐年上升，达标率上升意味着各省城乡之间的义务教育差距在逐年减少。在2020 年，所有省份的义务教育城乡总体达标率达到或基本达到了0.9，河北、河南、陕西的总体达标率均已达到0.99以上，而北京和吉林的总体达标率已达到1。达标率为1意味着城乡之间义务教育基本配置没有差距。按照我们的测算方法，甚至可以认为农村的义务教育基本配置高于城市；而总体达标率为0.9—0.99的省（自治区、直辖市）包括新疆、江西、上海、山西、天津、甘肃、内蒙古、黑龙江、江苏、广东、宁夏、青海、福建、浙江、贵州、山东，这16个省（自治区、直辖市）中，6个西部地区，3个中部地区，7个东部地区。西藏、湖北、广西、湖南、云南、四川、重庆、辽宁、安徽以及海南这十个省份的总体达标率低于0.9，这十个省份中，五个西部地区，三个中部地区，两个东部地区。第三章的结论为东部地区生均经费较高，而中部地区和西部地区的生均经费都相对较低。本章在2020年总体达标率大于0.99的省份中，中部地区占据三个，东部地区和西部地区各占据一个。而达标率较低的省份中，东部地区占据了两个，大部分东部地区总体达标率均为0.90—0.99之间，和西部地区与中部地区相差不是很多，这也说明了一个问题，生均经费较低和当地的经济和社会发展也有很大的关系，并不意味着较大的城乡差距。

2003年总体达标率排名靠前的10个省份为宁夏、上海、山西、辽宁、江西、黑龙江、吉林、天津、内蒙古、北京；4个在东部地区，4个在中部地区，西部地区仅有内蒙古和宁夏2个自治区。排名靠后的10个省（自治区、直辖市）为：西藏、广西、贵州、云南、安徽、重庆、甘肃、四川、河南、陕西，排名靠后的省份中有8个属于西部地区，安徽和河南属于中部地区。而到了2020年排名靠前的10个省（直辖市）就变为青海、福建、浙江、贵州、山东、河南、河北、陕西、北京、吉林；4个属于东部地区，3个属于西部地区，3个属于中部地区。排名靠后的10个省（自治区、直辖市）为西藏、湖北、广西、湖南、云南、四川、重庆、辽宁、安徽、海南，5个属于西部地区，3个属于中部地区，2个属于东部地区。通过排名顺序的变化，可以看出各省政府对缩小城乡义务教育差距的态度仍然存在一定的差别，有的地方对农村投入高于城市的比例较大，使两者差距减小的速度较快，而有的地方对农村投入高于城市的比例较小，使两者的差距减小的速度较慢，所以出现了差距变化幅度不一样的结果，因而使各省总体达标率的排名发生了一定的变化。北京一直稳居第1名，陕西的变化最大，从后10名变化到前10名；上海作为全国经济发达地区，在我国经济排名中一直处于领先地位，但是上海义务教育存在着一定的城乡差距，在后面具体省份的分析中将选上海作东部地区的代表进行具体的分析。广东是全国经济发达地区，但广东的生均经费排名在全国处于落后的位置，广东的义务教育总体达标率在全国排名第17名，这能部分解释其原因——农村较低的义务教育投入使得广东的生均经费排名位于较后的位置。

4.1.3 省域内城乡差距的具体分析

为了分析各省城乡差距的具体情况，我们选取3个典型省份进行分析①。东部地区选取上海。上海作为东部地区及生均经费较高的省份，总体达标率在2003年排名位于前10名，但是到2020年，排名落出了前10名的队伍，说明城乡差距较大，这就有必要继续对各个分项指标进行分析以寻找具体原因。中部地区的河南是受教育人口大省的典型代表，且生均经费最低，但河南的城乡总体达标率在2020年已经进入了前10名的队伍，位于第5名，达标率较高，这就需要分析在生均经费较低的情况下，如何实现较小的城乡差距。西部地区选取宁夏，宁夏是我国少数民族聚集区，并且是西部地区人口较少的一个省（其总人口甚至少于某些较大的地级市）。分析宁夏的城乡差距既能作为西部地区、少数民族聚集区的代表，也对地级市量化城乡差距有一定的借鉴意义。下面分别对这三个省份的城乡差距量化指标进行具体分析。

1. 三个省份城乡差距总体达标率的比较。

各省份义务教育总体达标率的结果见表4－4及图4－4。

---

① 由于篇幅的原因，仅选取几个省份进行分析，其余省份的分析是类似的。

表 4-4　　河南、宁夏、上海城乡差距总体达标率表

年份	2003	2004	2005	2006	2007	2008	2009	2010	2011
上海	0.702	0.774	0.815	0.897	0.849	0.645	0.577	0.557	0.726
河南	0.610	0.627	0.666	0.686	0.702	0.718	0.724	0.737	0.736
宁夏	0.681	0.694	0.712	0.725	0.730	0.740	0.758	0.754	0.784
年份	2012	2013	2014	2015	2016	2017	2018	2019	2020
上海	0.736	0.745	0.779	0.833	0.872	0.906	0.927	0.899	0.909
河南	0.759	0.797	0.818	0.844	0.865	0.894	0.981	0.897	0.990
宁夏	0.884	0.936	0.876	0.959	0.980	0.896	0.977	0.959	0.955

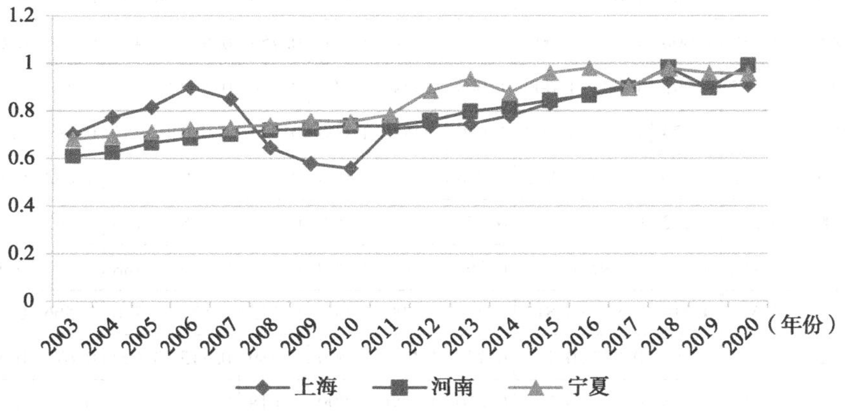

图 4-4　三个典型省份总体达标率时序变化图

从表 4-4 和图 4-4 可以看出，在进行具体分析比较的 3 个省份中，上海的总体达标率在 2007 年以前较高，2008 年以后出现急剧下降的态势，到 2011 年后总体达标率又开始逐步上升，在 2018 年达到最大后，略有下降。河南城乡义务教育差距一直呈现不断缩小的趋势，总体达标率在 2020 年达到最大值。宁夏的总体达标率在不断的波动中存在向上发展趋势，城乡之间的差距越来越小。各省的城乡义务教育差距的变化呈现出各不相同的变化趋势。

2. 上海市城乡差距的具体分析。

上海是我国经济发达地区，不存在因山区等其他地理环境影响教育水平等较为复杂的情况，但上海的城乡义务教育又确实存在着较大的差距。

所以本书选择上海作为东部地区的代表，分析为什么在经济发达地区会存在着较大的城乡义务教育差距。

首先分析各个指标达标率的变化情况，表4－5罗列出上海历年各指标达标率。各指标达标率时序图见图4－5。

表4－5　　　　上海市各年各指标的达标率

年份＼指标	A1	A2	A3	B1	B2	B3	B4	C1	C2	C3	D1	D2
2003	0. 575	1. 000	1. 000	1. 000	1. 000	0. 000	1. 000	0. 725	0. 923	0. 289	0. 433	0. 482
2004	0. 493	1. 000	1. 000	1. 000	1. 000	1. 000	1. 000	0. 755	0. 996	0. 276	0. 344	0. 423
2005	0. 638	1. 000	1. 000	1. 000	1. 000	1. 000	1. 000	0. 753	0. 841	0. 467	0. 434	0. 650
2006	0. 617	0. 992	1. 000	1. 000	1. 000	1. 000	1. 000	0. 930	0. 960	1. 000	0. 577	0. 695
2007	0. 580	0. 924	1. 000	1. 000	1. 000	1. 000	1. 000	0. 875	1. 000	0. 457	0. 591	0. 763
2008	0. 205	0. 310	0. 659	0. 922	0. 796	1. 000	1. 000	0. 357	0. 749	0. 191	0. 682	0. 868
2009	0. 230	0. 252	0. 643	0. 809	0. 374	1. 000	1. 000	0. 349	0. 518	0. 156	0. 662	0. 928
2010	0. 156	0. 163	0. 580	0. 772	0. 262	1. 000	1. 000	0. 285	0. 556	0. 488	0. 583	0. 844
2011	0. 565	0. 518	0. 807	0. 818	0. 491	1. 000	1. 000	0. 525	0. 881	0. 756	0. 566	0. 780
2012	0. 584	0. 459	0. 827	0. 722	0. 755	1. 000	1. 000	0. 589	0. 815	0. 602	0. 673	0. 810
2013	0. 666	0. 525	0. 846	0. 712	0. 850	1. 000	1. 000	0. 618	0. 848	0. 565	0. 556	0. 752
2014	0. 749	0. 551	0. 897	0. 830	0. 805	1. 000	1. 000	0. 712	0. 932	0. 598	0. 596	0. 675
2015	0. 818	0. 633	0. 970	0. 941	1. 000	1. 000	1. 000	0. 807	1. 000	0. 697	0. 553	0. 572
2016	0. 915	0. 654	1. 000	1. 000	1. 000	1. 000	1. 000	0. 976	1. 000	0. 794	0. 520	0. 601
2017	1. 000	0. 746	1. 000	1. 000	1. 000	1. 000	1. 000	1. 000	1. 000	0. 909	0. 542	0. 681
2018	1. 000	0. 879	1. 000	1. 000	1. 000	1. 000	1. 000	1. 000	1. 000	0. 872	0. 636	0. 733
2019	1. 000	0. 664	0. 942	1. 000	1. 000	1. 000	1. 000	0. 955	0. 920	0. 893	0. 655	0. 760
2020	1. 000	0. 646	0. 950	1. 000	1. 000	1. 000	1. 000	1. 000	0. 970	0. 854	0. 673	0. 810

上海总体达标率最高年份为2018年的0. 927，最低年份为2010年的0. 557，刚开始总体达标率较高，2008年出现断崖式下降，仅为0. 645，其后2年继续下降，到2010年达到最低值后开始回升，到2020年，总体达标率为0. 909。下面分析上海总体达标率较低的原因。

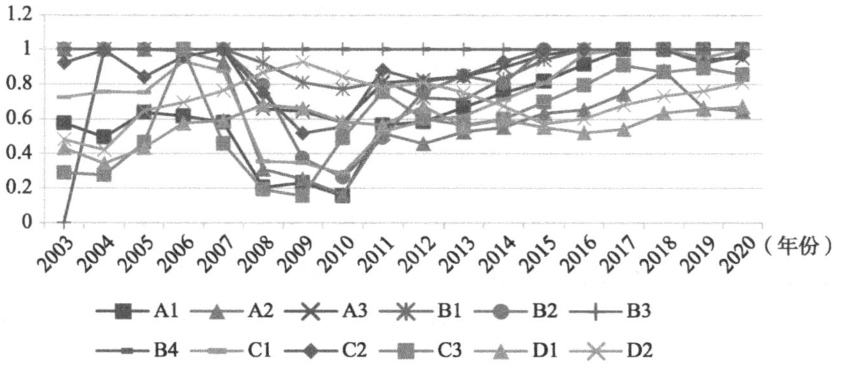

图 4－5　上海市各指标达标率时序图

（1）公用经费部分。上海生均公用经费的达标率基本都低于 0.7，农村学生的生均公用经费仅是城市学生的 70%，而生均预算内公用经费的达标率仅有 2008、2009、2010 以及 2020 年高于 0.8，其余年份均低于 0.8，通过生均经费数据可以看出上海的城乡差距在公用经费这方面较大。本书上一章得出结论为上海整体的生均经费较高，在全国位于第 2 名，结合本节的结论，说明在总体经费较高的外表下，掩盖着巨大的城乡差距。

（2）师资配置情况。从表 4－6 我们可以看出，在 2008 年，上海市农村学校生均专任教师数出现了一个断崖式的下降。上海 2007 年的农村学生数为 4334 人，2008 年，农村学生数为 18573 人，人数急剧增长了 4.285 倍；而 2007 年专任教师为 332 人，2008 年专任教师数仅为 917 人，专任教师数增长了 2.762 倍。农村学生数急剧上升，而专任教师数量上升的幅度与学生数上升的幅度不匹配，而同时期的城市学生数和专任教师数变化较平稳，导致了农村在专任教师这个指标的达标率急剧下降。到 2010 年，农村小学生数和 2008 年相当，而专任教师数下降了将近 100 人，所以该指标仍然呈现下降的趋势。2011 年后，该指标开始逐年上升，到了 2016 年该指标的达标率达到了 1。上海市生均专任教师职称数在 2007 年以前达标率较好，两者之间尽管有差距，达标率基本保持在 0.9 以上，但是到了 2008 年，出现断崖式下降，而且在 2008—2010 年持续下降，在 2010 年仅为 0.163；2011 年开始达标率逐年上升，在 2018 年达到最大值 0.859 后开始下降，到2020年仅为0.646。专任教师学历数指标，同样在2008年有一个断崖式下降，在2009年有所回升，但是到2010年又下降到了0.580，往后各年该指标的达标率开始逐年上升，在2016年达到1后，保持了3年达标率为1，在2019年又略有下降。从该指标的分析中，我们可以认为上海的师资配置情况尽管在2008—2010年出现了断崖式的下降，但是近几年的师资配置情况总体是不断向好，生均专任教师学历数和生均专任教师数在城乡之间已经基本不存在差距，但是生均专任教师职称数的差距仍然较大（见表4－6）。

表4－6　上海农村专任教师数、农村小学生数与城市的情况对比　（单位：人）

年份	2007	2008	2009	2010	2011	2012	2013
农村小学生数	4334	18573	17031	18436	48407	51759	49588
城市小学生数	261117	262478	261696	262410	553332	569245	597993
专任教师农村	332	917	828	808	2172	2362	2273
专任教师城市	19394	19655	19784	19838	30759	31420	32409
年份	2014	2015	2016	2017	2018	2019	2020
农村小学生数	44822	38494	36716	23327	21330	26994	24974
城市小学生数	619252	629974	635870	674304	691235	716476	750481
专任教师农村	2178	2029	2097	1398	1239	1444	1316
专任教师城市	33546	34242	35087	37738	38888	40666	41622

（3）硬件设施：上海市农村学校的硬件设施配置达标率是较好的。生均危房面积指标，除2003年外，在其余年份的达标率都是1，生均运动场地达标率一直都是1，即农村学校达到了城市学校的标准。全国仅有上海一个省份在历年生均危房面积这个评价指标上达标率一直是1，完全确保了学生学习的安全环境。在生均教室面积和生均实验室面积这2个指标上，上海在2007年以前的达标率均为1，但是到了2007年急剧下降。具体的原因可能是由于农村生源的增加，而建立教室和实验室不是一朝一夕的事情，导致生均数量的减少，农村学校硬件设施的达标率在以后各年逐年上升，最终在2020年实现了城乡间在学校硬件设施配备上没有任何差距。

（4）在生均教学设备中，生均计算机数、生均图书数以及生均教学仪器设备值都是在 2008 年急剧下降后逐年上升，可能是学生数急剧上升导致的结果，后面年份的逐渐上升说明了上海在应对学生数急剧增加方面做了很大的努力，但是由于学生数在 2008 年上升的倍数为 2007 年的 3 倍之多，而各种设施的增加不是一朝一夕的事情，要想达到以前的标准需要很长时间，还需要加大对农村学校设施的投入。到 2017 年有 2 个指标实现了城乡之间无差距，但是到 2019 年，该达标率又较 2018 年有所下降。所以上海市还需要不断做出努力，以不断减少城乡之间的差距。

从对上海各个指标的具体分析可以看出，在公用经费这方面城乡仍然存在着较大的差距，师资力量指标尽管在 2003—2020 年间变化较大，但是到了 2020 年，生均专任教师学历和生均专任教师数已经基本达到了城乡之间没有差距，但是生均专任教师职称数仍然存在较大的差距。在校园面积和教学硬件这 2 个指标上，农村和城市基本没有差距，所以上海市政府应重视对农村义务教育经费方面的投入，同时加大对农村教师职称评审的倾斜，以不断减少该指标的城乡差距。

3. 河南省城乡差距的具体分析。

下面具体分析河南各指标历年的达标率（见表 4 –7、图 4 –6）。

表 4 –7　　河南省历年各指标达标率

指标／年份	A1	A2	A3	B1	B2	B3	B4	C1	C2	C3	D1	D2
2003	0. 128	0. 665	0. 823	1. 000	1. 000	0. 000	1. 000	0. 145	0. 785	0. 238	0. 753	0. 783
2004	0. 138	0. 680	0. 878	1. 000	1. 000	0. 000	1. 000	0. 172	0. 859	0. 277	0. 746	0. 768
2005	0. 153	0. 688	0. 931	1. 000	1. 000	0. 000	1. 000	0. 205	0. 906	0. 349	0. 802	0. 957
2006	0. 159	0. 729	0. 972	1. 000	1. 000	0. 000	1. 000	0. 227	0. 968	0. 316	0. 857	1. 000
2007	0. 189	0. 800	1. 000	1. 000	1. 000	0. 000	1. 000	0. 250	0. 967	0. 341	0. 877	1. 000
2008	0. 217	0. 838	1. 000	1. 000	1. 000	0. 000	1. 000	0. 274	0. 989	0. 400	0. 902	1. 000
2009	0. 265	0. 861	1. 000	1. 000	1. 000	0. 000	1. 000	0. 295	0. 943	0. 402	0. 929	0. 998
2010	0. 312	0. 879	1. 000	1. 000	1. 000	0. 000	1. 000	0. 312	0. 970	0. 405	0. 969	1. 000
2011	0. 341	0. 888	1. 000	1. 000	1. 000	0. 000	1. 000	0. 299	0. 954	0. 383	0. 965	1. 000

续表

年份\指标	A1	A2	A3	B1	B2	B3	B4	C1	C2	C3	D1	D2
2012	0.408	0.953	1.000	1.000	1.000	0.000	1.000	0.412	1.000	0.454	0.923	0.958
2013	0.560	1.000	1.000	1.000	1.000	0.000	1.000	0.491	1.000	0.609	0.931	0.968
2014	0.622	1.000	1.000	1.000	1.000	0.000	1.000	0.551	1.000	0.732	0.935	0.975
2015	0.701	1.000	1.000	1.000	1.000	0.000	1.000	0.653	1.000	0.819	0.961	0.998
2016	0.740	1.000	1.000	1.000	1.000	0.000	1.000	0.793	1.000	0.904	0.954	0.994
2017	0.817	1.000	1.000	1.000	1.000	0.000	1.000	1.000	1.000	1.000	0.930	0.979
2018	0.888	1.000	1.000	1.000	1.000	1.000	1.000	1.000	1.000	1.000	0.919	0.960
2019	0.946	1.000	1.000	1.000	1.000	0.000	1.000	1.000	1.000	1.000	0.888	0.923
2020	1.000	1.000	1.000	1.000	1.000	1.000	1.000	1.000	1.000	1.000	0.923	0.958

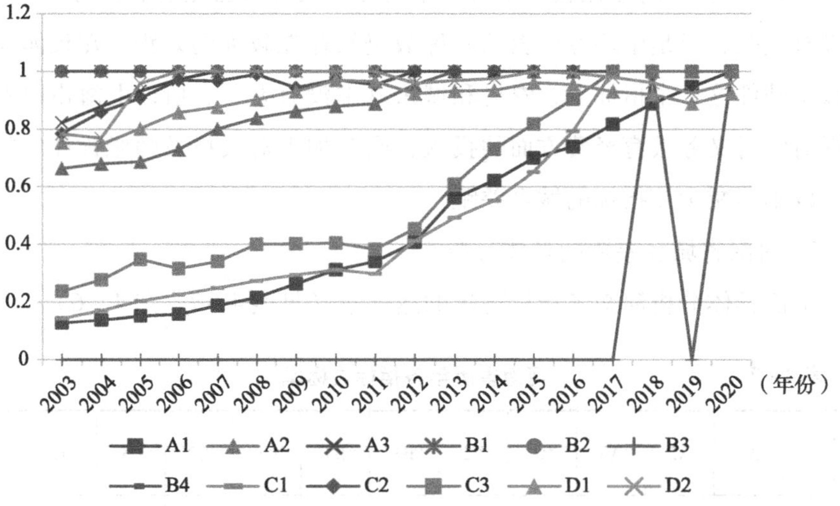

图 4-6 河南省 2003—2020 年各指标达标率时序图

河南各年达标率总体来说是稳中向上的，说明了义务教育城乡差距在不断地减小，2020 年总体达标率已经达到 0.990。在河南这样一个受教育人口大省，能达到这样高的总体达标率，足见政府对农村义务教育还是比较重视的。

（1）生均公用经费方面。在第 3 章关于全国生均经费的分析中提到了河南的生均经费为全国最低，但在生均公用经费的方面，河南的城乡差距是较小的。生均预算内公用经费在2006年及后好几个年份都为1，说明城乡没有差别，在2011年达到1后开始略有下降，但是整体仍然达到了0.92以上。生均公用经费在2010年达到最大值后开始在曲折中下降，到了2019年为0.888，到2020年又回升为0.923。从生均公用经费指标的达标率看，河南省作为一个教育大省，拥有大量的义务教育学生数，城乡生均公用经费的差距能达到该数据，已经意味着河南省政府为此做出了大量的努力。

（2）生均拥有的教学设备值。河南的生均计算机数达标率逐年上升，在2017年达到了1，即城乡之间在该指标上已经没有差距。河南生均图书数在2008年达到0.989后，逐年下降，但在2012年达到1，并且之后一直保持着1，意味着城乡之间没有差距。生均教学仪器设备值在2017年达到1，以后一直保持1，也意味着城乡之间没有差距。以上分析说明河南省比较重视在硬件设施的配置，通过政府自身的投入，切实不断缩小城乡在教学设备上的差距，在互联网时代，让学生更多更好地接触到新的学习方法和学习技能。

（3）河南师资力量城乡差距正在逐步消失，生均专任教师学历数、生均专任教师职称数和生均专任教师数这3个二级指标的达标率在2020年都已达到了1，说明城乡之间在这3个指标上已经没有数量上的差距了。该指标的城乡差距变化情况也说明河南在职称评审以及在农村学校招募教师等方面都应该做出了巨大的努力，才得以让该省在该一级指标上达到了城乡之间差距。

（4）在生均硬件设施这个评价指标上，河南的生均危房面积这个指标除2018年和2020年达到城乡没有差距外，其余各年都是农村高于城市。生均教室面积和生均运动场地面积及生均实验室面积达标率一直为1。所以认为在生均硬件设施方面，截至2020年，城乡之间已经没有差距。

从上面的分析可以看出，尽管河南整体生均经费较低，但河南省的城乡差距在逐渐减小。到2020年，除了生均公用经费在城乡之间尚有差距外，其余各项指标在城乡之间均无差距。

4. 宁夏城乡差距的具体分析。

下面具体分析宁夏各年各指标达标率。宁夏属于西部地区，2020 年 12 月份才开通高铁，经济发展较为落后，受教育人口较少。分析宁夏的城乡差距状况不仅可以反映西部地区的义务教育在城乡间的差距，而且可以在一定程度上反映某些较大地级市的城乡差距，所以选取该自治区作为西部地区的代表。表 4－8 罗列出宁夏历年各指标的达标率，各指标在 2003—2020 年的达标率时序图见图 4－7。

表 4－8　　　　宁夏各指标历年达标率

指标 年份	A1	A2	A3	B1	B2	B3	B4	C1	C2	C3	D1	D2
2003	0.144	0.695	1.000	1.000	1.000	0.000	1.000	0.269	0.867	0.353	0.848	1.000
2004	0.232	0.747	1.000	1.000	1.000	0.000	1.000	0.343	0.884	0.505	0.767	0.854
2005	0.253	0.794	1.000	1.000	1.000	0.000	1.000	0.352	0.938	0.450	0.840	0.916
2006	0.291	0.841	1.000	1.000	1.000	0.000	1.000	0.411	0.934	0.493	0.773	0.961
2007	0.280	0.816	1.000	1.000	1.000	0.000	1.000	0.379	0.948	0.501	0.912	0.928
2008	0.297	0.866	1.000	1.000	1.000	0.000	1.000	0.431	0.878	0.560	0.866	0.985
2009	0.320	0.904	1.000	1.000	1.000	0.000	1.000	0.500	0.935	0.585	0.917	0.934
2010	0.342	0.941	1.000	1.000	1.000	0.000	1.000	0.670	0.875	0.681	0.755	0.786
2011	0.388	0.980	1.000	1.000	0.937	0.000	1.000	0.784	1.000	0.498	0.899	0.921
2012	0.503	1.000	1.000	1.000	1.000	1.000	1.000	0.980	1.000	0.660	0.711	0.753
2013	0.623	1.000	1.000	1.000	1.000	1.000	1.000	0.922	1.000	0.683	1.000	1.000
2014	0.758	0.968	1.000	1.000	1.000	0.000	1.000	1.000	1.000	0.790	1.000	1.000
2015	0.886	1.000	1.000	1.000	1.000	1.000	1.000	1.000	1.000	0.907	0.863	0.851
2016	1.000	1.000	1.000	1.000	1.000	1.000	1.000	1.000	1.000	1.000	0.872	0.886
2017	1.000	1.000	1.000	1.000	1.000	0.000	1.000	1.000	1.000	1.000	0.865	0.891
2018	1.000	1.000	1.000	1.000	1.000	1.000	1.000	1.000	1.000	1.000	0.858	0.868
2019	1.000	1.000	1.000	1.000	1.000	1.000	1.000	1.000	1.000	1.000	0.720	0.787
2020	1.000	1.000	1.000	1.000	1.000	1.000	1.000	1.000	1.000	1.000	0.711	0.753

从图 4－7 整体来看，宁夏的总体达标率在 2003—2020 年逐年上升，义务教育城乡差距在逐年减少，各分项指标的达标率除生均危房面积指标

外，也均在不断地增加，而生均危房面积在2012年、2013年、2015年、2016年以及2018—2020年均实现了农村生均危房面积状况好于城市的情形。除生均经费的2个相关指标外，其余各指标在2020年均达到了1。生均经费的2个指标在2003—2013年在曲折中缓慢上升，到2013年达到最大，2个指标的达标率均为1，说明城乡已经没有差别。但到2015年，该指标开始呈现出下降的趋势，在2020年，两者的达标率均为2014—2020年的最低值，仅为0.711和0.753。出现这个情况的原因可能是宁夏既有川区也有山区，川区的小规模学校和教学点相对较少，而山区存在着大量的小规模学校和教学点学校；但是随着我国小学校的撤并工作不断推进，很多规模较小学校和教学点被撤并。而我国目前对农村义务教育学校的公用经费实行的是按照学生数进行拨付，对于不足100人的学校按照100人拨付。那么对于农村小规模学校，势必会增加他们的生均公用经费，而随着学校撤并工作的深入推进，很多地方将农村小学合为一个规模较大的学校，导致农村小学人数增多，人数优势消失，从而使得农村生均公用经费和城市的差距加大。

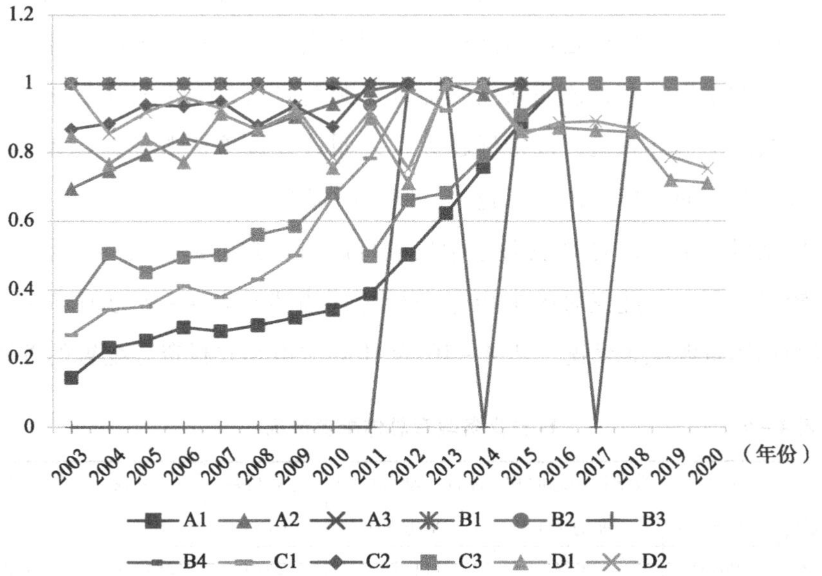

图4-7 宁夏各指标2003—2020年达标率时序图

4.2 县域内义务教育城乡差距研究

前一部分从每个省的角度份宏观讨论了义务教育城乡差距，并且选出三个有代表性的省份对城乡差距进行具体分析。本节将利用微观调研数据，对西部某县的义务教育内部城乡差异进行研究。主要利用微观调研数据，通过构建指标体系对县域内义务教育城乡差距进行量化分析。

本部分研究主要采用微观数据，仍然是通过构建指标体系的方法进行城乡差距的量化分析。本研究结合当地的实际情况，并参照现有文献，最终确立如下的评价指标，对 H 县县域内城乡小学资源配置差距进行精准量化：生均建筑面积（U1）、生均教学及辅助用房面积（U2）、生均体育活动场地面积（U3）、生均计算机比（U4）、生均图书（U5）、生师比（U6）。这 6 个指标分别从生均拥有的教学硬件设施、教学信息设施、课外图书以及教师资源配置 4 个方面对义务教育资源配置进行量化。这 6 个指标中，生师比和生机比是负向指标，生师比代表平均每名教师指导的学生数，指导的学生越多，说明该校的师资资源越匮乏；而生机比是平均多少个学生共用 1 台计算机，该指标越大，说明该校该项资源配置越差；其余的指标均为正向指标，该指标越大，则表明资源配置越好。

根据以上指标，对 H 县各小学校进行调研，并得到相关的数据。由于数据较多，所以在此仅对各个指标进行统计描述。表 4－9 为 H 县农村和城市的总体资源配置情况，表 4－10 为 H 县城市和农村资源配置的差距。

表 4－9　H 县义务教育总体配置情况

指标 区域	建筑面积（平方米）	教学用房总面积（平方米）	体育活动总面积（平方米）	计算机数（台）	图书数（本）	专任教师数（人）
城市	100985	49057	111515	2070	284929	712
农村	52285	22572	110338	935	130702	270

表4-10　　城市和农村各项资源配置差异的T检验

区域＼指标		建筑面积（平方米）	教学用房总面积（平方米）	体育活动总面积（平方米）	计算机数（台）	图书数（本）	专任教师数（人）
均值	城市	13.525	3.172	7.211	7.471	18.425	21.7191
	农村	14.678	6.336	33.22	3.809	36.693	13.158
t检验的值		-4.315***	-68.55***	-86.534***	83.325***	-109.34***	-82.665***

*** 表示1%显著。

从总量来看，H县城市义务教育总体配置远远高于农村。对表4-10进行分析，可以看出城市和农村两者之间的义务教育资源配置的均值存在明显的差距。在各项资源配置均值中，所有的生均资源配置均为农村高于城市。关于资源配置的结论和我们前面的结论相类似，即只要涉及土地资源的指标均为农村高于城市，但是该县的生均专任教师数则是农村大于城市，即农村在专任教师方面的配置要好于城市。而从深层次进行分析，该县城镇仅有12所小学，学生数为14410，农村共有24所小学，学生数为4616人，从这一点可以明显地看出，城市的生均资源配置低，主要原因是城市集中了较好的教师资源，很多农村学生纷纷转向城市上学，从而在一定程度上导致了城市的生均资源呈现人均值较低的状况。仅从资源配置的角度可以看出农村好于城市，但是如果分析具体的原因，反而让人感到担忧，正是由于资源的不均衡，尤其是教师资源的不均衡和先进教育设施资源的不均衡，导致了因大量的农村学生去城里求学，从而造成农村生源流失，农村教育资源浪费，而同时城市的生均资源较紧张的情况①。

4.3　小结

通过达标率从宏观角度量化义务教育城乡之间差距，并通过调研数据

① 数据来源于国家民委民族问题研究调研数据。

对比分析县域内义务教育城乡差距，得出以下结论：

1. 整体上来说，我国义务教育的城乡差距在不断缩小，2020 年，从资源配置的角度看有 2 个省份已经不存在城乡差距，其余省份的城乡差距达标率基本在 0.9 以上。

2. 在各二级指标中，除了生均危房面积指标在 2020 年仍处于较低的达标率外，其余各个分指标达标率均有不同的上升，并且有很多指标在 2020 年已经实现了城乡之间没有差距。其中硬件设施之间的差距已经不存在，生均教学仪器设施之间的差距也几乎不存在。在分析中发现，只要是和土地相关的评价指标，农村的达标率都较高，这和农村的自然条件有很大关系；只要和经费有关的评价指标，农村的达标率与城市仍存在一定差距。这就可以看出，在长期存在的城乡二元结构下，对农村义务教育的忽视导致了农村义务教育在经费方面仍较薄弱，且这个差距不是在几年的时间内可以消失的。

3. 在对分地区进行分析时，分别讨论了上海、河南以及宁夏的各分项指标的城乡差距，得出的结论是在生均公用经费方面，3 个省份的城乡之间都还存在一定的差距，而在硬件设施、教学仪器设备值方面，3 个地区在 2020 年已经不存在城乡差距，在师资力量方面，宁夏和河南都已经实现了城乡无差距，而上海在生均专任教师学历数指标上仍存在较大的城乡差距。在生均公用经费和生均预算内公用经费方面，3 个省份的城乡之间都存在一定的差距，上海的城乡公用经费差距最大，而宁夏的生均预算内生均公用经费差距最大。在讨论上海时，还发现了一个问题，那就是较高的总体生均经费外表下掩盖的较大的城乡生均经费差异，上海市的生均经费全国排名位于第一名，但是其生均公用经费城乡差异完成率为全国最低。这个问题也证实了需要采取具体指标分析城乡差距，才能分析差距的具体来源。

4. 从微观角度量化了西部某省份的县域内义务教育城乡差距，结果为该县的所有的生均资源配置均为农村好于城市，但是分析了具体情况后，认为原因在于城市的学生数过于集中，从而导致生均资源较少，这从侧面反映出农村学生向城市聚集的基本问题，这就需要该县依旧加大对农村小学的各项投入，以不断从软件和硬件上减少城乡之间的差距。

第 5 章

县际差距和校际差距的量化研究

第 4 章使用达标率的方法测算了各省义务教育的城乡差距，并根据实际调研数据对西部某一个县的城乡差距进行了实际分析，本章将继续利用实际调研数据对义务教育县域之间的差距以及县域内部的校际差距进行分析。

5.1　县际间差距

各地经济发展水平不相同，在校学生数及自然地理环境也不相同，所以在进行不同县域间的义务教育差距量化时，应选择在某个属性特征较为相似的县域进行比较。本节将根据实地调研数据量化不同省份县域之间的义务教育资源配置差距和相同省份的不同县域之间的义务教育资源配置差距。

5.1.1　相同省份县际间差距量化研究

本节选取西部地区某个省份 2 个不同的县进行县域间义务教育资源配置差距的量化分析，仍然采用构建指标体系的方法进行对比分析，数据来源于调研数据。这 2 个县（下称 H 县和 X 县）均属于某个地级市的下设区县，且在地理上紧邻，地理位置的相邻以及同属地级市的相似性，使两者的义务教育资源配置具有一定可比性。借鉴上一章构建的评价指标，本章采用以下评价指标：生均建筑面积（U1）、生均教学及辅助用房面积（U2）、生均体育活动场地面积（U3）、生机比（U4）、生均图书数（U5）、生师比（U6）。表 5 – 1 为 H 县义务教育资源配置的整体描述，表 5 – 2 为 X 县义务教育资源配置的整体描述。

表 5 – 1　　H 县义务教育整体资源配置的统计描述

	U1	U2	U3	U4	U5	U6
均值	22.353	9.007	51.529	0.343	42.769	0.087

续表

	U1	U2	U3	U4	U5	U6
方差	915.272	199.355	9289.382	0.192	1422.188	0.003
标准差	30.253	14.119	96.381	0.438	37.712	0.054
变异系数	1.353	1.568	1.870	1.279	0.882	0.629

表5-2　X县义务教育整体资源配置的统计描述

	U1	U2	U3	U4	U5	U6
均值	8.545	3.742	11.149	0.284	19.439	0.179
方差	15.546	5.475	41.903	0.017	28.251	0.004
标准差	3.943	2.340	6.473	0.129	5.315	0.061
变异系数	0.461	0.625	0.581	0.452	0.273	0.340

对上述两个县的义务教育资源配置进行比较，可以得到以下的结论：

1. 从各资源配置指标的均值角度分析，除生均教师比指标外，其余各指标H县的资源配置都高于X县，这与我们的预测是不符的。可能原因是H县有教学点和小额教学班，较少的学生数在一定程度上拉升了整体的均值。而X县处于某市的市中心，并且大部分学校都位于市中心，相对与土地有关的资源都较为紧张，土地资源的匮乏导致与物有关的生均指标都低于H县。但在人的因素方面，H县的生均值远低于X区的生均值，X县的生均教师比例为0.179，而H县仅为0.087（见表5-1、表5-2）。H县师资力量匮乏主要有两方面的原因，第一个原因是H县在地理位置上与Y市相邻，Y市房价较高，而H县相对房价较低，很多人在H县购买住房，该地的常住人口增加，在校学生数增加，而师资力量没有及时配置导致师资力量匮乏；第二个原因是Y市建立私立学校，H县有一部分教师流动到私立学校，当地没有及时补充教师资源，所以也导致了师资力量的匮乏。

2. 变异系数是衡量数据离散程度的统计指标，变异系数越大，说明内部离散程度越大，即内部差距越大。从两个区县的变异系数看出，H县各指标的变异系数都大于X县的变异系数，说明H县内部差异是较大的，而

X 县内部差异和 H 县相比较小。

5.1.2　中部地区和西部地区县际差距分析

为进一步分析义务教育资源配置情况，选取中部地区的某个县，将该县（以下称 Y 县）的义务教育资源配置与 H 县进行比较。Y 县是中部地区的某个县级市，之所以选取该县与 H 县进行比较，是两个县的人口总数相似，并且两个县的国内生产总值也具有一定的相似性①。表 5－3 为 Y 县各指标的均值及变异系数。

表 5－3　　Y 县各指标的均值及变异系数

指标	U2	U3	U4	U5	U6
均值	4.596	20.619	6.581	33.335	0.113
变异系数	0.93	0.719	0.668	0.371	0.386

U4 每百名学生拥有的计算机数。

将表 5－3 和表 5－1 相比较得出，H 县的资源配置在生机比和生均专用教师数的均值均小于 Y 县，其余的资源配置均高于 Y 县。H 县教师配置在和同类地区 X 县相比小于 X 县，而和别的基本情况相同的县级市 Y 县相比也呈弱势，说明 H 县政府的教师资源配置整体较弱，该县政府应加强对义务教育师资的配置，在满足基本教学的情况下，还应满足义务教育学校对相关教师的师资配置要求，促进学生的全面发展。

从变异系数值得出，H 县的变异系数均高于 Y 县的变异系数，说明了尽管整体均值大，H 县内部的整体差别也大于 Y 县，也同样得出了 H 县内部差异较大的结论。

---

① 由于各省资源配置的指标体系不一样，只能选择两个县共有的指标进行比较。Y 县与 H 县共有五个指标重合，所以选取了五个指标进行比较。且 U4 是对 H 县的指标进行重新计算后得到的。

5.2 县域内校际差距的量化

上一章对城乡差距的量化分析，得出我国城乡差距仍然存在，但是差距在不断减小的结论，本章第一节又继续使用微观调研数据，对某个县进行义务教育城乡差距分析，得出的结论是该县城乡在义务教育资源配置方面也存在较大的差距。城乡差距的存在，促使我们应该对各地校际差距进行量化分析，为各地政府进行精准分析，更快更好地缩小城乡差距提供一定的数据支持。我国目前对义务教育优质发展的整体思路是先完成县级义务教育优质均衡，即实现义务教育优质均衡发展县，然后再不断推广，实现义务教育地区优质均衡发展和义务教育省份优质均衡发展，最后实现全国性的优质义务教育均衡发展。尽管我国一些省份的某些县已经实现义务教育优质均衡，但是相关调查结果显示：校际间差距普遍存在，且越是义务教育发达地区，学生及家长对校际间差距感受越突出，择校率也越高。正是因为校际差距的存在，才会有择校生、才会有高价学区房的产生。所以从不断提高人民幸福感、办人民满意的教育角度来看，缩小校际间差距对提高义务教育发展水平非常关键，这就有必要对义务教育的校际差距进行量化分析，找到各个学校的短板，切实缩小县域内各义务教育学校的差距，为实现义务教育优质均衡发展提供数据支持。

5.2.1 方法介绍

1. 聚类分析方法介绍。

聚类分析的基本思想是根据样本本身具有的属性，运用合适的数学工具按照指标的某种相似性或差异性，采用定量方法找出样本之间的亲疏远近规律，然后根据这种亲疏远近关系程度的不同将样本分别聚类。聚类分析的方法很多，本文采用类平均法进行聚类。

具体的计算公式和过程如下。各变量的含义如表 5 –4 所示。

表 5 –4　　　　　　　　各变量的含义

G_K、G_L、G_M、G_J	类的名称
G_{MJ}	类 G_M 与类 G_J 的距离
n_K、n_L、n_M、n_J	类 G_K、G_L、G_M、G_J 的样品的数量
d_{ij}	观测样本之间的欧氏距离
D_{MJ}^2、D_{KJ}^2、D_{LJ}^2、D_{KL}^2	类与类之间的平方距离

聚类分析中有很多方法定义距离，我们采用欧氏距离定义样本之间的距离，具体定义为：

$$d(x,y) = \| x - y \|^2 \tag{5-1}$$

类平均法有两种定义，第一个定义方法是把类与类之间的距离定义为所有样品对之间的平均距离，也就是定义类 G_K 和类 G_L 之间的距离为：

$$D_{kl} = \sum_{i \in C_k, j \in C_l} d(x_i, y_j)/(n_k n_l) \tag{5-2}$$

公式中 n_K 和 n_L 表示的分别为类 G_K 和类 G_L 的样品数量。

当某类 G_K 与类 G_L 合并成一个新类 G_M 时，计算任意类 G_M 与类 G_J 的距离 D_{MJ}，得到递推公式为：

$$D_{MJ} = \frac{1}{n_M n_J} \sum_{i \in G_M, j \in G_j} d_{ij} = \frac{1}{n_M n_J}\left(\sum_{i \in G_K, j \in G_J} d_{ij} + \sum_{i \in G_L, j \in G_J} d_{ij} \right) = \frac{n_K}{n_M} D_{KJ} + \frac{n_L}{n_M} D_{LJ} \tag{5-3}$$

第二种定义方法是定义类与类之间的平方距离为样品对之间平方距离的平均值 D_{MJ}^2，也就是：

$$D_{MJ}^2 = \frac{n_K}{n_M} D_{KJ}^2 + \frac{n_L}{n_M} D_{LJ}^2 \tag{5-4}$$

在式（5 –4）的递推公式里面，D_{KJ} 没有被表示出来，这时可将此公式进一步推广为：

$$D_{MJ}^2 = (1 - \beta)\left(\frac{n_K}{n_M} D_{KJ}^2 + \frac{n_L}{n_M} D_{LJ}^2 \right) + \beta D_{KL}^2 \tag{5-5}$$

公式中$\beta < 1$。我们把这种系统聚类方法叫做可变类平均法，通过该方法，我们可以实现对某类样本进行聚类[112]。

2. 理想值方法介绍。

校际差距的量化，可以使用各种统计学方法进行，如计算均值、方差等统计指标，对一个地区的非均衡状况做出分析。但是均值、方差的计算都掩盖了各个学校的具体差距，而使用理想值法能够对每个学校的差距进行具体精准的量化。理想值法源于优化中的最优值方法，具体来说就是对所有的评价指标都设定一个理想值。理想值的选取或是选择各学校在某个指标的最优值（对于正向指标，选取该指标在各样本学校中的最大值，对于负向指标，则选取各样本学校中的最小值），或由政府结合当地的实际情况，确定每个指标的理想值，然后计算各指标与理想值之间的距离，该距离值不仅能量化差距的大小，还能分析导致差距的原因。该方法的提出，不仅解决了校际差距的横向比较问题，通过总距离的计算，测算出某学校与理想值之间的距离最大，那么该学校就是整体最差的学校；而且解决了纵向比较的问题，通过各个指标的总距离测算，可以得出在各指标中，哪项指标是最差的指标。通过这种测算，可以为政府进行精准的经费投入提供数据支持。

具体计算方法如下。

1. 指标标准化。

由于这些义务教育发展指标度量单位不同，需要进行标准化，具体计算公式为：

$$d_{i,j} = \frac{x_{i,j} - \bar{x}_j}{S_j} \tag{5-6}$$

其中：

$$\bar{x}_j = \frac{\sum_{i=1}^{m} x_{i,j}}{m},\ S_j^2 = \frac{\sum_{i=1}^{m} (x_{i,j} - \bar{x}_j)^2}{m-1} \tag{5-7}$$

$x_{i,j}$表示学校i在指标j上的取值，$\bar{x}_j$表示指标j的均值，m表示量化校际差距的学校个数。

将所有数据标准化，得到的矩阵为：

$$\begin{bmatrix} d_{1,1} & d_{1,2} & \cdots & d_{1,6} \\ d_{2,1} & d_{2,2} & \cdots & d_{2,6} \\ \vdots & \vdots & \ddots & \vdots \\ d_{m,1} & d_{m,2} & \cdots & d_{m,6} \end{bmatrix} \tag{5-8}$$

2. 理想值的选取及距离的测算。

根据前面定义选择理想值（$d_{o,1},d_{o,2},\cdots,d_{o,6}$），确定理想值后计算各学校与理想值之间的距离：

$$C_{i,o} = [\sum_{j=1}^{6}(d_{i,j} - d_{o,j})^2] \tag{5-9}$$

$C_{i,o}$ 表示 i 学校与理想值的距离，距离越大，则表示该校的义务教育资源配置水平越低；距离越小，表示该校的义务教育资源配置水平越高。依照距离可以对所有参与量化的义务教育学校进行排队，以此来分析校际之间的差距，选取距离最大的学校进行扶持，解决校际差距的横向比较问题；还可以对所有指标的理想值距离进行加总，然后对加总值进行排队，解决指标的纵向比较问题，为对薄弱指标进行经费支持，实现义务教育资源配置的精准量化提供数据支持。

本书选取实际调研所获取指标的最优值作为理想值，通过测算样本学校的调研数值与理想值之间的距离来量化校际之间的差距。

5.2.2　县域内农村学校整体差距

本书将采用 H 县的调研数据。H 县位于西部地区，属于省会城市的下属县，共有农村小学 24 所，各学校的资源配置也不尽相同，所有学校达到同一标准较困难，这就需要根据不同的情况进行区别分析。本节研究的基本思路是首先根据资源配置情况对农村小学进行聚类，将资源配置相似的学校归为一类，然后对每一类中的各个学校按照查缺补漏的方法，促使同一类别学校的资源配置先达到均衡，最后在同一类学校均衡的基础上，和其他类别的学校相比较，再按照哪里差补哪里的方法进行具体的分析测算，以尽快地实现农村小学的义务教育均衡发展。

采用上述方法对 H 县 24 所农村小学进行聚类分析，得到表 5 – 5 的结果：

表 5 – 5　　农村 24 所学校聚类分析结果

分类	包含的学校为
资源较差的学校	NLTX，NLJXD，JGYH，JGHZ，JGPC，JGPX，JGHM，LGLG，CXTJ，HGJS，HGXR
资源配置较好的学校	XGWX，JGHX，LGJX，LGTY，LGHM，CXCX，CXTQ，CXDY
资源配置最好的学校	LGTF，CXGW，CXXG，CXGM，HGJSX

通过聚类分析，可以将 H 县的 24 所农村小学分为 3 类，第一类是资源配置最差的学校，包括学校 NLTX、NLJXD、JGYH、JGHZ、JGPC、JGPX、JGHM、LGLG、CXTJ、HGJS、HGXR 共 11 所学校。具体分析这些学校的地理位置，发现这些资源配置较差的学校在地理位置上呈现出一定的空间聚集性，其中 JG 镇共有 5 所学校，HG 镇和 NL 农场共有 4 所学校，属于第一类资源配置较差的学校。JG 镇和 HG 镇在地理位置上也是相邻的。资源配置较好的是 XGWX、JGHX、LGJX、LGTY、LGHM、CXCX、CXTQ、CXDY 8 所学校，CX 乡和 LG 镇分别占据 3 所学校，CX 乡和 LG 镇在空间上也是位置相邻的，这类学校呈现出一定的空间聚集性。资源配置最好的一类学校共包括 LGTF、CXGW、CXXG、CXGM、HGJSX 这 5 所，其中，CX 乡占据 3 所，HG 镇 1 所，LG 镇 1 所。通过对聚类分析可以看出，H 县农村小学的义务教育资源配置在各镇之间也存在较大的差距。总体来说，CX 乡属于义务教育资源配置整体较高的镇，而 JG 镇和 HG 镇属于资源配置较差的学校。通过对各小学的分析，我们认为各镇在义务教育资源的配置上存在一定差距，镇政府应该重视义务教育，不断加强该镇的义务教育资源配置。

5.2.3 县域内校际差距的量化

上一节将H县的农村义务教育学校按照聚类分析的方法划分为三类，说明H县农村义务教育资源配置存在一定的差距，为了合理量化差距、弥补差距，缩小义务教育学校之间的资源配置提供，选取其中资源配置最差的一类作为样本指标，采用理想值法进行分析，其余类别以及城市的分析方法类似。

1. 统计描述及理想值的选取。

按照上述分析方法，选取聚类分析中资源配置最差的11所学校进行分析。表5-6为11所学校6个指标的均值、方差以及理想值的基本描述。

表5-6　　资源配置最差一类学校的资源配置情况

学校	U1	U2	U3	U4	U5	U6
NLTX（A）	11.060	4.382	13.095	6.563	30.129	18.750
NLJXD（B）	7.879	4.240	4.188	5.306	4.712	31.833
JGYH（C）	7.135	3.741	28.297	4.559	34.581	19.375
JGHZ（D）	8.994	5.298	23.158	4.385	41.211	21.375
JGPC（E）	6.868	5.201	20.338	5.917	24.169	21.300
JGPX（F）	8.732	5.580	36.183	6.238	17.481	18.714
JGHM（G）	11.639	6.517	32.307	6.212	36.385	20.500
LGLG（H）	7.621	3.971	34.301	5.857	26.882	13.667
CXTJ（I）	11	8.070	23.944	2.367	69.662	11.833
HGJS（J）	9.266	5.288	30.847	4.214	37.627	16.091
HGXR（K）	11.674	4.655	18.802	4.220	32.755	16.219
均值	9.261	5.177	24.133	5.076	32.327	19.059
方差	3.293	1.565	94.126	1.578	260.666	27.412
理想值	11.674	8.070	36.183	2.367	69.662	11.833

注：U1为生均建筑面积，U2为生均教学及辅助用房面积，U3为生均体育活动场地面积，U4为生机比，U5为生均图书数，U6为生师比。

2. 实证结果。

根据式（5－8）计算出各个学校与理想值之间的距离，结果见表5－7、表5－8、图5－1和图5－2。

表5－7　　各校实际值与理想值之间距离的测算结果

学校＼指标	U1	U2	U3	U4	U5	U6	总距离
NLTX（A）	0.0006	0.0480	0.0412	0.2741	0.8841	0.2903	1.5382
NLJXD（B）	0.0212	0.0518	0.0792	0.2057	2.3864	0.8419	3.5862
JGYH（C）	0.0303	0.0662	0.0048	0.1550	0.6962	0.3232	1.2757
JGHZ（D）	0.0106	0.0271	0.0131	0.1420	0.4579	0.4250	1.0758
JGPC（E）	0.0340	0.0291	0.0194	0.2414	1.1708	0.4213	1.9160
JGPX（F）	0.0127	0.0219	0.0000	0.2582	1.5403	0.2884	2.1215
JGHM（G）	0.0000	0.0085	0.0012	0.2569	0.6264	0.3812	1.2742
LGLG（H）	0.0242	0.0593	0.0003	0.2381	1.0353	0.0384	1.3956
CXTJ（I）	0.0007	0.0000	0.0116	0.0000	0.0000	0.0000	0.0123
HGJS（J）	0.0085	0.0273	0.0022	0.1289	0.5805	0.1493	0.8968
HGXR（K）	0.0000	0.0412	0.0234	0.1293	0.7705	0.1559	1.1203
总距离	0.1428	0.3804	0.1964	2.0296	10.1484	3.3149	16.2126

表5－8　各农村义务教育小学理想值距离的均值、方差及变异系数

	均值	方差	变异系数
距离	1.474	0.792	0.604

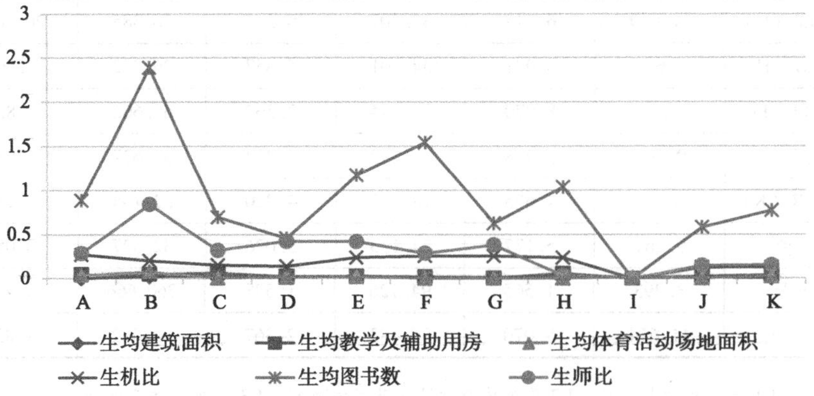

图5－1　各评价指标的总距离

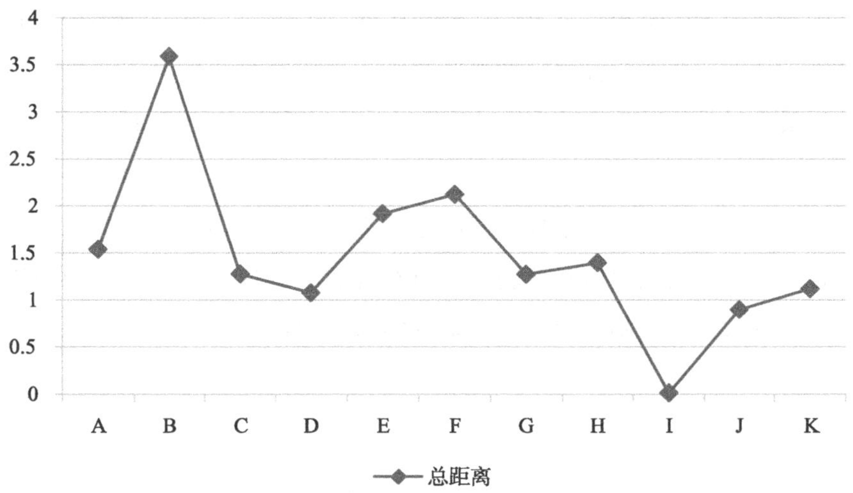

图 5－2　各个学校的总距离

从表 5－8 可以看出，各农村义务教育小学的理想值距离的均值为 1. 474，理想值距离的方差为 0. 792，变异系数为 0. 604。对该数据的分析足可以看出各校之间的差距较大，该县农村义务教育资源配置不均衡。

具体分析各校各指标与理想值之间的距离（见表 5－7）。

1. 从横向看，整体情况最好的是 CXTJ 小学，它的各项指标与理想值之间的距离之和仅为 0. 0123。评价体系中共有 6 个指标，该校有 4 个指标为理想值指标，意味着该校的整体资源配置较高，而其余 2 个指标与理想值之间的差距也较小，所以该校与理想值之间的距离最小。CX 乡在前面的整体分析中，属于第三类中资源配置最好、学校数最多的乡镇，而在资源配置最差类中，CXTJ 小学属于资源配置最差中的最好学校，各个指标的值均为理想值或与理想值之间的距离非常小。政府对该类学校只要继续维持目前的现状。剔除 NLJXD（B）是教学点的原因，只考虑正常教学学校。资源配置最差的学校是 JGPX 小学和 JGPC 小学，这两所学校的各校资源配置都较差，所以县级政府在加强义务教育资源配置时应该加强对这两所校的配置，以解决薄弱学校的薄弱环节。

2. 从纵向看，各校之间差距最大的指标是生均图书数，总距离为 10. 1484，剔除 NLJXD（B）是教学点的原因，只考虑正常教学学校。生均图书数距离最大的学校是 JGPX 小学和 JGPC 小学。生均图书数各校之间的距离大，说明了各个学校之间的差距较大。总距离最大的第 2 个指标是生师比，最大的是 JGHZ 小学和 JGPC 小学，这两所学校都是 JG 镇的小学。距离第三大的指标是生机比，距离最大的是 NLTX，其次是 JGPX 小学。通过以上分析，可以看出，学校之间的整体差距较大，而各个指标之间的差距也较大。如果县级政府对薄弱资源进行配置，就应该优先考虑图书资源的配置，其次是加强师资力量薄弱学校的师资配置。

5.3 小结

首先对某个省内的 H 县和 X 县进行县域间资源配置差距量化研究，然后根据经济发展状况和人口状况对 H 县与 Y 县进行不同省份县域之间义务教育资源配置的对比，最后对 H 县内部的校际差距进行量化分析，得到以下结论：

1. 将 H 县和相邻的 X 县以及与中部非少数民族地区某县级市进行比较，得到的结论都是 H 县在物的资源配置上优于另两个县，但在人力资源配置上要差于另两个县，且 H 县资源配置的内部差距也远远大于另两个县。

2. H 县的义务教育资源配置存在较大的差距，从资源配置的绝对值来看，城市的资源配置高于农村；但从生均角度看，城市的资源配置小于农村，这和农村学生生源流失，纷纷迁往县城上学具有很大关系，导致了城市的生均资源配置小于农村。

3. 在对农村 24 所小学的资源配置进行分析时，发现 H 县农村小学的资源配置各个学校之间也有较大差距。对差距进行具体分析时，得到农村小学资源配置的差距在地理空间上具有一定的空间聚集性，资源较好的学校在空间上具有聚集性，而资源较差的学校在空间上也具有聚集性。

4. 对资源配置最差的一类学校，采用理想值法进行差距的精准量化，得到的结论为：从整体来说，生均图书配置是校际之间差距最大的一类指标，其次是生师比，而县级政府则应重点加强对资源不足的小学的资源配置。

第 6 章

生均经费影响因素的综合评价

第3章量化分析得出省际间和地区间的生均经费存在很大差距，且差距有不断扩大的趋势。第4章分析出各省城乡之间也存在较大的差距，在各指标的具体分析中，量化出只要涉及钱、财、物等与经费投入有关的指标，城乡就存在着较大的差距。在第5章校际差距的具体指标量化中，相同县域校际之间的差距也较大。本章从生均经费影响因素出发，对各省影响生均经费的因素进行综合评价，主要从省级角度出发，选取小学经费支出占财政总支出比重、在校小学生数、人均财政收入作为各省影响生均经费的主要指标，采用函数型数据的方法进行研究分析。函数型方法具有传统统计方法不可比拟的优越性，它不仅能呈现函数特征，还能利用函数信息对曲线进行求导处理，通过导数的变化研究指标变化的速度和加速度，为更好地挖掘数据信息提供极大的方便[113]。采用函数型数据方法进行综合评价的好处是不仅可以对数据进行空间的综合排序，还可以对数据进行时间的排序，分析各省综合排名的动态变化情况，而且还能对数据的变化速度进行分析。利用该方法进行综合评价，得出的结论为各省生均经费的排名与综合评价的排名是较匹配的，使用该方法进行综合评价是可行的。对排名不匹配的省份，使用函数型数据求导的方法对各指标变化速度进行分析，深层次挖掘数据信息，为各省提高生均经费提供数据支持和政策建议。

6.1　函数型数据综合评价方法介绍

函数型数据分析方法不再将离散的观测点作为孤立的点看待，而是通过某种基向量函数的形式将其作为一个整体来进行拟合，然后在拟合函数的基础上进行分析。

6.1.1 样条函数的介绍

美国数学家 I. J. Schoenberg（1946）年提出了样条函数，并定义了一种 B 样条函数，样条函数本身应用比较广泛，且随着计算技术的不断发展，样条函数的应用范围迅速扩大。B 样条基函数指在样条函数的基础上定义一组取自 Hilbert 空间 L^2 的基函数 $\{\phi_k\}$，$\phi_k(t) = \{\phi_1(t), \phi_2(t), \cdots, \phi_k(t)\}$。假设观测到的离散数据点为 $y_i, i = 1, 2, \cdots, n$，记：

$$y_i = x_i(t) + \xi_i \tag{6-1}$$

则存在一组系数向量 $c = (c_1, c_2, \cdots) \in l^2$，使得如下表达式成立：

$$x(t) = \sum_{k=1}^{\infty} c_k \varphi_k(t) \tag{6-2}$$

从表达式可以看出，B 样条曲线是分段定义的，如果给定 $m+n+1$ 个点，则可以定义 $m+1$ 段 n 次的带参数的曲线，k 表示基函数的个数，每一组系数向量 $c' = (c_1, c_2, \cdots, c_k)'$ 能唯一确定一个函数。ξ_i 表示误差，满足零均值有限方差的独立分布，通常情况下，假设方差相等。

系数向量 $c' = (c_1, c_2, \cdots, c_k)'$ 有两种求解方法，即带权重的最小二乘法和不带权重的最小二乘法（一般最小二乘法），本书采用一般最小二乘法求解。具体计算公式如下：

$$SMSSE(y \mid c) = \sum_{j=1}^{n} \left[y_j - \sum_{k=1}^{k} c_k \phi_k(t) \right]^2 \tag{6-3}$$

写成矩阵形式为：

$$SMSSE(y \mid c) = (y - \Phi c)'(y - \Phi c) \tag{6-4}$$

求导得到：

$$2\Phi\Phi' c - 2\Phi' y = 0 \tag{6-5}$$

则系数的解为：

$$\hat{c} = (\Phi'\Phi)^{-1}\Phi' y \tag{6-6}$$

$x(t)$ 的表达式即为：

$$x(t)=\sum_{k=1}^{\infty}(\Phi'\Phi)^{-1}\Phi'y\varphi_k(t) \tag{6-7}$$

对上述通过一般最小二乘法求解得到的具体函数还可以求解一阶导数，计算公式为：

$$Dx_i(t)=\sum_{k=1}^{K}c_kD\phi_k(t) \tag{6-8}$$

其中，$Dx_i(t)$ 表示函数 $x_i(t)$ 的一阶导数①。

6.1.2 综合评价法

将通过一般最小二乘法求得的系数向量写成矩阵形式，

$$C'=\begin{bmatrix}(c^{11})' & (c^{12})' & \cdots & (c^{1m})' \\ (c^{21})' & (c^{22})' & \cdots & (c^{2m})' \\ \vdots & \vdots & \ddots & \vdots \\ (c^{n1})' & (c^{n2})' & \cdots & (c^{nm})'\end{bmatrix} \tag{6-9}$$

其中 $(c^{ij})'$ 表示 i 省在 j 指标的系数值。C' 为系数矩阵，C 为各个指标对应基函数的系数值，在本章中，C 为 $\sum_{j=1}^{3}K_j\times n$ 阶复合系数矩阵。

$$\Phi(t)=\begin{bmatrix}\phi_1(t) & & & \\ & \phi_2(t) & & \\ & & \ddots & \\ & & & \phi_m(t)\end{bmatrix} \tag{6-10}$$

其中 $\Phi(t)$ 是对应各个指标的基函数，$\Phi(t)$ 为 $\sum_{j=1}^{3}K_j\times m$ 阶复合矩阵基函数。

定义 $H=\int_T\Phi(t)'CC'\Phi(t)dt$，则总离差平方和为：

---

① 苏为华，孙利荣，崔峰. 基于函数型数据的综合评价方法研究 [J]. 统计研究，2013，2：88—94.

$$\sigma^2 = \int_T W'H(t)Wdt = W'\left\{\int_T \Phi(t)'CC'\Phi(t)dt\right\}W \tag{6-11}$$

当 W 为对称矩阵 H 的最大特征值所对应的特征向量时，σ^2 取最大值，σ^2 值越大，则评价对象之间的整体差异将越大。

具体的计算为
$$\begin{cases} Max \quad W'HW \\ s.t \quad \|W\| = 1 \\ \quad W > 0 \end{cases} \tag{6-12}$$

通过式（6－12）可以求解出 σ^2 取最大值时对应的特征值和特征值对应的特征向量[114]。

6.1.3 评价系数计算

为了确保对数据信息的最大提取，在这里考虑主成分分析的思想，对各个特征值计算累积贡献率。主成分分析中，累积贡献率达到85%以上，就可以基本确定主成分的个数。本章采用该思想，特征值对应的累积贡献率也应达到85%以上，这样就可以保证对样本数据信息量的最大提取，以此确定对应的特征值和特征向量。

根据（6－12）计算出特征值，假定 $\lambda_1 > \lambda_2 > \lambda_3$，每个特征值对应的特征向量为 (u_{j1}, u_{j2}, u_{j3})，$j = 1,2,3$。首先计算每个特征值对应的贡献率：

$$\frac{\lambda_i}{\sum_{i=1}^{3} \lambda_i}(i = 1,2,3) \tag{6-13}$$

则累积贡献率为：

$$\frac{\sum_{i=1}^{i} \lambda_i}{\sum_{i=1}^{3} \lambda_i}(i = 1,2,3) \tag{6-14}$$

根据累积贡献率达到85%以上确定的特征值个数，计算每个评价指标在综合评价中的贡献为：

$$F_j = \frac{\sum_{m=1}^{m} \lambda_m u_{mj}}{\sum_{m=1}^{m} \lambda_m}, j = 1,2,3 \tag{6-15}$$

m 表示累积贡献率达到 85% 的特征值个数；j 表示第 j 个评价指标。综合分析后进行归一化处理，则得到相应的各个指标的综合评价系数值（F_1, F_2, F_3）。

6.2　数据的基本描述

6.2.1　评价指标简介

为实现义务教育经费影响的综合评价，应选取适当的综合评价指标。在选取指标时，既要考虑指标的代表性、可度量性，又要考虑指标数据的可得性。综合考虑，选取了以下 4 个指标进行分析。

（1）生均经费（A）：因变量，用该指标衡量各地区的义务教育发展程度。为保持分析的连续性，该指标和第 3 章所选取的指标是相同的，且该指标为正指标，值越高，则表明该地区的义务教育发展程度越好。

（2）小学教育经费支出占财政支出的比重（B）：用该指标衡量各省政府对小学义务教育的重视程度。小学教育经费支出占财政支出的比重越大，表明政府对义务教育越重视，则生均经费的值也应越大。

（3）在校学生数（C）：在校学生数综合反映该省义务教育小学生在校状况。该指标是负指标，值越大，在同等情况下，则生均经费的值将越小。为了将该指标正向化以便于合理的解释，借鉴郭亚军[115]的思想，对指标取倒数以将其正向化。该指标衡量各省的小学义务教育规模。

（4）人均财政收入（E）：用该指标衡量各省政府的财政能力。该指标是正指标，值越大，表明政府对义务教育的投入能力越强，则生均经费的值就应越大。用该指标衡量的是各省政府对义务教育的投入能力。

本章讨论的数据为1995—2019年共计25年的数据，包括31个省、自治区、直辖市。数据来源于《中国教育统计年鉴》《中国教育经费统计年鉴》《中国教育经费公报》《中国财政年鉴》以及国家统计局网站。采用MATLAB软件进行数据的分析和实现。

6.2.2 数据指标处理

为了能够分析比较，需要消除各个数据量纲的影响，对所有的数据指标分别进行标准化处理，具体的方法是：

$$x_{1ijt} = \frac{x_{ijt} - \overline{x_j}}{\sigma_j} \tag{6-16}$$

其中 i 是地区变量，$i = 1,2,\cdots,31$ 代表31个不同的省、自治区、直辖市；j 是标志变量，$j = 1,2,3,4$ 分别代表表示4个不同的变量；t 是时间变量，$t = 1995,1996,\cdots,2019$ 分别表示不同的年份；x_{ijt} 表示 i 省 j 变量在 t 年的取值；$\overline{x_j}$ 表示 j 个变量的总体均值；σ_j 是 j 变量的标准差；x_{1ijt} 表示标准化后的 i 省 j 变量在 t 年的取值。

6.3 实证分析

下面根据已经标准化处理的数据，采用上述方法对影响生均经费因素的小学经费支出占财政总支出比重、在校小学生数、人均财政收入三个影响因素进行综合评价的实证分析。

6.3.1　综合评价结果

根据式（6－12）计算特征值和特征向量，最终计算结果见表6－1。

表6－1　　特征值及累积贡献率

特征值排名	对应的值	贡献率	累积贡献率
1	1.5725	0.5928	0.6074
2	0.9607	0.3622	0.955
3	0.1193	0.0449	1

根据表6－1，前两个特征值的累积贡献率已经达到了95.5%，超过了85%的累积贡献率，确定进行综合评价的特征值个数为2。前2个特征值对应的特征向量及对指标的归一化处理结果见表6－2。

表6－2　　特征值对应的特征向量及归一化处理结果

1.5725对应的特征向量	0.9607对应的特征向量	指标贡献	归一化处理
0.562	0.736	1.011	0.548
0.773	－0.629	0.388	0.210
0.295	0.249	0.447	0.242

根据归一化处理的结果，得到最终的评价公式①：

$$Z = 0.2421 \times B + 0.2103 \times C + 0.5476 \times E \qquad (6-17)$$

将各省1995—2019年标准化后的数据带入评价公式（6－17），就可以得到各省在1995—2019年各年的综合评价得分②，对得分进行排名③，结果见表6－3。

---

① B、C、E和前面的指标定义相同。

② 篇幅原因未罗列，如有需要，敬请索取。

③ 限于篇幅，仅罗列几个年份的数据，如有需要，敬请索取。

表6-3 1995—2019年各省（直辖市、自治区）各年的综合评价排名情况

年份	1995	2000	2005	2010	2015	2019
北京	29	31	23	3	2	2
天津	28	29	24	9	3	8
河北	5	4	8	7	9	10
山西	17	16	18	20	22	23
内蒙古	21	27	28	24	24	24
辽宁	23	26	26	23	25	27
吉林	16	25	30	27	27	30
黑龙江	22	23	22	26	26	29
上海	25	20	2	1	1	1
江苏	4	3	12	5	5	4
浙江	19	17	9	4	6	5
安徽	8	2	3	19	17	11
福建	14	10	13	10	10	9
江西	10	12	11	16	11	13
山东	6	8	7	6	7	6
河南	2	1	1	2	8	7
湖北	11	15	21	22	23	21
湖南	3	11	15	15	18	16
广东	24	21	16	8	4	3
广西	13	13	14	13	15	18
海南	15	18	10	14	16	15
重庆	31	22	25	25	19	22
四川	1	5	6	17	12	14
贵州	9	7	4	11	13	12
云南	18	9	5	12	21	19
西藏	12	19	20	21	20	20
陕西	20	14	17	28	29	28
甘肃	27	30	27	31	30	31
青海	26	24	29	29	31	26
宁夏	7	6	19	18	14	17
新疆	30	28	31	30	28	25

表6-3罗列出各省（自治区、直辖市）各年的综合得分情况，从排名可以看出，所有省份（自治区、直辖市）在各年的排名随着时间发生一定变化。整体来说，西部地区近几年排名一直较低，居于后面，而中部地区在刚开始排名较前，2019年后，北京、广东、上海的得分稳居前列。图6-1为各省1995—2019年综合得分图。

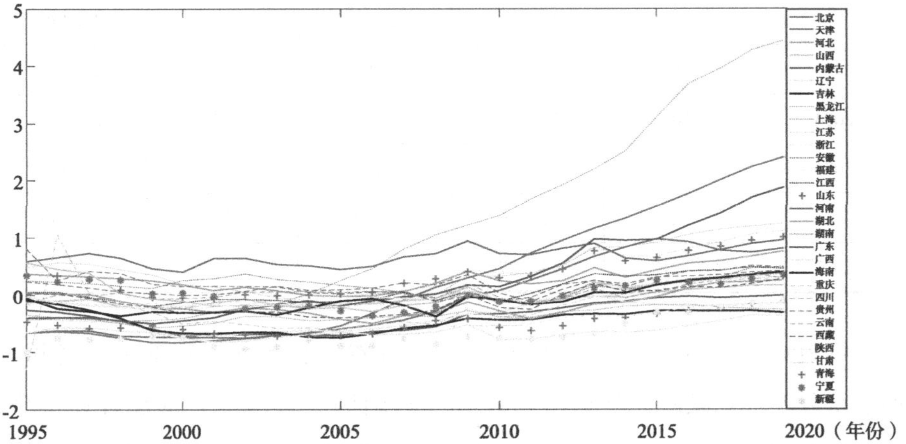

图6-1 31个省（自治区、直辖市）1995—2019年综合得分时序图

本章希望对各省（自治区、直辖市）在1995—2019年3个影响生均经费的因素进行综合评价，得到1个总的综合得分情况，就需要对不同的时间点赋予不同的权重以得到总的综合评价得分。由于各年的时间远近不同，对总评价得分的重要性也不同，按照由近及远的原则对各年赋予权重，对2019年赋予最大的权重，对1995年则赋予最小的权重，具体的权重赋值方法如表6-4：

表6-4　　　　1995—2019年的权重赋值表

年份	赋值	权重	年份	赋值	权重
1995	1	1/325	2008	14	14/338
1996	2	2/326	2009	15	15/339
1997	3	3/327	2010	16	16/340

续表

年份	赋值	权重	年份	赋值	权重
1998	4	4/328	2011	17	17/341
1999	5	5/329	2012	18	18/342
2000	6	6/330	2013	19	19/343
2001	7	7/331	2014	20	20/344
2002	8	8/332	2015	21	21/345
2003	9	9/333	2016	22	22/346
2004	10	10/334	2017	23	23/347
2005	11	11/335	2018	24	24/348
2006	12	12/336	2019	25	25/349
2007	13	13/337		总权重	1

将表6－4中对各年赋予的权重乘以各省（自治区、直辖市）各年的评价得分并加总求和，计算得到各省（自治区、直辖市）的综合评价分，并对综合评价分进行排名。小学经费支出占财政总支出的比重、生均经费、人均财政收入、小学生数这四个指标也同样按照上述的权重计算各自的综合得分，并进行排名，计算公式如下：

$$Y_{i,A} = W_t \times A_{i,t}\ Y_{i,B} = W_t \times B_{i,t}\ Y_{i,C} = W_t \times C_{i,t}\ Y_{i,E} = W_t \times E_{i,t}\ Y_{i,Z} = W_t \times Z_{i,t} \tag{6-18}$$

其中：W_t 表示时刻 t 的权重，$t = 1995, 1996, \cdots, 2019$，$Y_{i,A}$ 表示 i 省（自治区、直辖市）在指标 A 的综合得分，$A_{i,t}$ 表示 i 省（自治区、直辖市）t 时刻在指标 A 上的取值；$Y_{i,B}$ 表示 i 省（自治区、直辖市）在指标 B 的综合得分，$B_{i,t}$ 表示 i 省（自治区、直辖市）t 时刻在指标 B 上的取值；$Y_{i,C}$ 表示 i 省（自治区、直辖市）在指标 C 的综合得分，$C_{i,t}$ 表示 i 省（自治区、直辖市）t 时刻在指标 C 上的取值；$Y_{i,E}$ 表示 i 省（自治区、直辖市）在指标 E 的综合得分；$E_{i,t}$ 表示 i 省（自治区、直辖市）t 时刻在指标 E 上的取值；$Y_{i,Z}$ 表示 i 省（自治区、直辖市）在指标 Z 的综合得分，$Z_{i,t}$ 表示 i 省（自治区、直辖市）t 时刻在指标 Z 上的取值。计算结果见表6－5。

表 6－5　　各省各指标以及总的综合评价排名①

指标 / 城市	综合排名	人均财政收入	校学生数	小学经费支出占财政支出比重	生均经费
上海	1	1	5	31	2
北京	2	2	6	30	1
天津	3	3	3	28	4
新疆	4	19	1	25	10
海南	5	11	7	7	13
浙江	6	5	18	9	5
江苏	7	4	25	14	6
广东	8	6	30	12	15
福建	9	10	17	5	16
青海	10	14	4	24	11
宁夏	11	13	11	8	24
甘肃	12	21	2	26	19
贵州	13	24	20	2	25
山东	14	12	29	13	20
江西	15	20	22	6	27
广西	16	30	23	1	30
山西	17	15	15	17	18
河北	18	25	27	3	29
内蒙古	19	7	9	27	8
重庆	20	9	12	21	17
西藏	21	16	16	18	3
安徽	22	22	24	10	26
云南	23	26	21	11	22
河南	24	29	31	4	31
吉林	25	18	8	23	9
陕西	26	31	13	16	12
湖南	27	27	26	15	28

① 本应该将该表按照不同的分析原则进行分类，为了节约篇幅，将所有的数据放到同一张表中。

续表

指标 城市	综合排名	人均财政收入	校学生数	小学经费支出占财政支出比重	生均经费
辽宁	28	8	14	29	14
四川	29	23	28	19	21
湖北	30	17	19	20	23
黑龙江	31	28	10	22	7

从综合得分的排名情况来看，综合得分最高的是上海、其次是北京，位于第 3 到第 10 名的分别是天津、新疆、海南、浙江、江苏、广东、青海、福建。在综合排名最高的前 10 名省（自治区、直辖市）中，包括 3 个直辖市，海南、浙江、江苏、福建 4 个经济发达地区，新疆、甘肃、青海属于西部经济欠发达地区，没有中部省份。这 10 个省（自治区、直辖市）中北京、天津、上海、新疆、浙江、江苏的生均经费的排名也在前 10 名，而其余的 4 个省的生均经费的排名在 11—16 之间。

综合排名位于后 10 名的省份分别是云南、安徽、辽宁、吉林、河南、陕西、黑龙江、湖南、四川、湖北。综合排名后 10 名中，云南、陕西、四川属西部经济欠发达地区，辽宁属东部地区，其余的 5 个省份都是中部地区①。在综合排名靠后的 10 个省份中，有 5 个省份的生均经费排名也在后 10 名。

其余综合排名位于中间 11 位的省（自治区、直辖市）中，甘肃、山西、山东、重庆的生均经费的排名也位于在中间 11 名，这 4 个省份综合评价排名和生均经费的排名匹配。

从以上分析可以看出，31 个省份（自治区、直辖市）中有 16 个综合评价排名和生均经费的排名匹配，从综合排名的角度分析，综合排名和生均经费的排名是较匹配的，综合排名靠前的省份（自治区、直辖市），则生均经费的排名也较靠前，综合排名靠后的省份，则生均经费的排名也相

① 该排名从教育经费的角度论证了目前专家学者提出的“中部塌陷”的观点。

对靠后。这样的一个匹配也说明了采用该综合评价对各省（自治区、直辖市）生均经费影响因素进行综合评价是相对合理的。

6.3.2 模型的稳健性检验

在上述分析的3个影响生均经费的指标中，人均财政收入、在校小学生数以及小学经费支出占财政总支出比重都是各省（自治区、直辖市）内部指标，属于内生变量对生均经费的影响。国家每年对中部和西部地区进行义务教育的专项财政转移支付，以提高中西部地区的生均经费。财政转移支付尽管是外生变量，但在第3章的分析中也显示了财政转移支付对各省（自治区、直辖市）生均经费产生一定的影响。下面添加财政转移支付变量分析各省（自治区、直辖市）的综合排名情况（如表6－6所示），以分析财政转移支付对各省生均经费的综合影响。

表6－6　　添加转移支付后的综合排名

省份	省（自治区、直辖市）内影响因素的综合排名	添加转移支付后的排名
上海	1	1
北京	2	2
天津	3	3
新疆	4	4
海南	5	5
浙江	6	6
江苏	7	7
广东	8	9
福建	9	12
青海	10	11
宁夏	11	8
甘肃	12	10
贵州	13	14
山东	14	13
江西	15	15
广西	16	16

续表

省份	省（自治区、直辖市）内影响因素的综合排名	添加转移支付后的排名
山西	17	19
河北	18	18
内蒙古	19	17
重庆	20	20
西藏	21	21
安徽	22	22
云南	23	24
河南	24	23
吉林	25	26
陕西	26	25
湖南	27	27
辽宁	28	28
四川	29	30
湖北	30	29
黑龙江	31	31

由表6-6可以看出，添加人均财政转移支付后，各个省（自治区、直辖市）的综合排名没有发生太大的变化。该结果说明一个现实情况，那就是各省（自治区、直辖市）政府是义务教育经费的主要承担者，国家对义务教育的投入是主要补充，该结论和第3章的关于收敛性的结论相同，即财政转移支付只能减少或延缓经费差距的扩大速度，但是不能起到减少差距的作用。通过添加财政转移支付项进行综合评价的结果也说明对各省（自治区、直辖市）生均经费影响因素的综合评价结果具有一定的稳健性。

6.4 各省（自治区、直辖市）各指标增长速度分析

上一节对各省（自治区、直辖市）影响因素进行综合排名，下面具体分析各个影响因素的变化情况，通过分析各省（自治区、直辖市）生均经费的变化速度和各影响因素变化速度之间的关系，提出政策建议。主要采用

的方法是对各省的各指标求解增长率，通过讨论指标的增长率进行讨论。

6.4.1 典型省份（自治区、直辖市）的选取

由于篇幅的原因，仅选取北京、黑龙江、河南、广东、广西、宁夏这6个省（自治区、直辖市）进行分析。广东是我国经济发达地区，无论是财政收入还是经济增长在我国都位于前列，但广东生均经费在全国排名第15位，生均经费排名和经济发达程度不匹配，所以选取广东作为东部地区的代表进行分析。河南属中部地区，且是在校学生数最多的省份，其生均经费排名全国第31位，在全国排最后，所以选取河南作为生均经费最低省份进行分析。宁夏是西部少数民族聚集区和经济欠发达地区，宁夏生均经费的排名在全国第22位。但是宁夏的学生数在全国排名为第11位，属于学生数较少的地区，较少的学生数和较后的生均经费排名使得宁夏被选取作为西部地区的代表。选取广西是因为广西小学经费支出占财政总支出比重排名是第1位，但广西的生均经费排名位于第29位，政府对义务教育的投入很努力，但生均经费却又是排名靠后，所以选取广西作为这一类省份的代表。黑龙江的综合排名位于第28位，但生均经费排名为第9位，这就有必要分析黑龙江在综合排名靠后的情况下，如何做到较高的生均经费①。另选取北京作为直辖市的代表。

6.4.2 典型省份（自治区、直辖市）综合分析

1. 对选取典型省份（自治区、直辖市）的几个指标求解增长率，具体结果见表6－7②。

---

① 限于篇幅，本书只选取了几个代表性省份（自治区、直辖市）进行分析，其余省份（自治区、直辖市）的分析方法类似。

② 限于篇幅，只列出部分数据，如有需要，敬请索取。

表 6－7　典型省份(自治区、直辖市)部分年份各个指标增长比率(%)

年份		1997	1999	2001	2003	2005	2007	2009	2011	2013	2015	2017	2019
生均经费	北京	0.2390	0.1389	0.2727	0.1580	0.1096	0.3546	0.1533	0.2770	0.0647	0.0135	0.1637	0.0990
	黑龙江	0.1021	0.2777	0.3534	0.0603	0.1930	0.2760	0.1446	0.1435	0.1268	0.1696	0.0225	0.0377
	河南	0.1309	0.0913	0.3568	0.1020	0.1376	0.0684	0.1884	0.0519	0.1318	0.0287	0.1435	0.0914
	广东	0.1127	0.0562	0.1933	0.1416	0.0397	0.2998	0.1727	0.3568	0.1868	0.1317	0.1271	0.0980
	广西	0.0679	0.1561	0.4109	0.1459	0.1383	0.2977	0.1473	0.1930	0.1252	0.1876	0.0270	0.0356
	宁夏	0.0447	0.1601	0.3626	0.1539	0.2502	0.4204	0.0249	0.1066	0.1316	0.2418	0.0899	0.0306
年份		1997	1999	2001	2003	2005	2007	2009	2011	2013	2015	2017	2019
小学教育经费支出	北京	-0.0756	-0.2006	-0.0981	-0.0650	-0.0986	0.0536	0.1643	0.0700	0.1437	-0.1653	0.1018	0.1387
	黑龙江	-0.0278	-0.1078	0.0179	-0.0377	0.0080	0.0113	0.1301	-0.0814	-0.0595	-0.0066	-0.1093	-0.0612
	河南	0.0414	-0.1247	0.2262	-0.0731	-0.0937	0.1503	0.2093	-0.0060	0.0377	-0.0785	0.0552	0.0076
	广东	-0.0129	-0.0884	0.0029	0.0483	-0.1663	-0.0127	0.1210	0.0774	0.3466	-0.1534	0.0487	0.0439
	广西	-0.0548	-0.0391	0.0070	0.0377	-0.0400	-0.0561	0.1297	-0.0601	0.1769	0.0399	-0.0452	-0.0240
	宁夏	-0.0735	0.0555	-0.0972	-0.0723	-0.0353	0.1152	-0.0010	-0.1602	0.1483	0.0882	-0.0066	0.0214

续表

年份		1997	1999	2001	2003	2005	2007	2009	2011	2013	2015	2017	2019
人均财政收入	北京	0. 2267	0. 2155	0. 2965	0. 0842	0. 1986	0. 2763	0. 0504	0. 2411	0. 0804	0. 1680	0. 0688	0. 0093
	黑龙江	0. 0665	0. 0764	0. 2488	0. 0726	0. 0986	0. 1383	0. 1093	0. 3199	0. 0979	0. 1016	0. 0858	0. 0103
	河南	0. 1373	0. 0645	0. 0786	0. 1329	0. 2990	0. 2737	0. 1093	0. 2487	0. 1830	0. 0985	0. 0760	0. 0687
	广东	0. 1200	0. 1749	0. 2623	0. 0800	0. 2625	0. 2494	0. 0768	0. 2135	0. 1315	0. 1547	0. 0738	0. 0293
	广西	0. 0851	0. 1071	0. 2052	0. 0828	0. 2489	0. 2100	0. 1880	0. 2198	0. 1211	0. 0606	0. 0282	0. 0694
	宁夏	0. 0908	0. 0516	0. 3043	0. 1188	0. 1565	0. 1914	0. 1612	0. 2192	0. 0556	0. 0939	0. 0662	0. 0039
年份		1997	1999	2001	2003	2005	2007	2009	2011	2013	2015	2017	2019
小学生数	北京	-0. 0224	-0. 0901	-0. 1059	-0. 0803	-0. 0418	0. 4085	-0. 0188	0. 0416	0. 0983	0. 0355	0. 0086	0. 0311
	黑龙江	-0. 0023	-0. 1006	-0. 0859	-0. 0145	-0. 0481	-0. 0296	-0. 0399	-0. 0025	-0. 1755	-0. 0054	-0. 0437	-0. 0305
	河南	0. 0582	-0. 0109	-0. 0530	-0. 0416	-0. 0268	0. 0217	0. 0149	0. 0209	-0. 1290	0. 0091	0. 0171	0. 018
	广东	0. 0153	0. 0032	0. 0248	0. 0467	0. 0166	-0. 0373	-0. 0720	-0. 0312	-0. 0004	0. 0444	0. 0406	0. 0456
	广西	-0. 0181	-0. 0566	-0. 0214	-0. 0357	-0. 0378	-0. 0166	-0. 0181	-0. 0071	-0. 0005	0. 0192	0. 0274	0. 0383
	宁夏	0. 0285	0. 0086	-0. 0095	0. 0090	0. 0228	0. 0057	-0. 0262	-0. 0159	-0. 0230	-0. 0088	-0. 0026	0. 0046

表 6－8　　各省（自治区、直辖市）生均经费年均增长率

	北京	黑龙江	河南	广东	广西	宁夏
1995—2019 年增长率	0.17449	0.17055	0.15029	0.16221	0.16655	0.16906
1995—2005 年增长率	0.19338	0.20470	0.17835	0.12961	0.17075	0.16127
2006—2019 年增长率	0.16118	0.14676	0.13066	0.18607	0.16357	0.17466

通过表 6－7、表 6－8 可以得出以下结论：

（1）各省（自治区、直辖市）的生均经费除宁夏在 2004 年出现负增长外，其余各年所有省份（自治区、直辖市）的生均经费均为正增长，这说明各省（自治区、直辖市）的生均经费呈现不断增加的趋势，只是递增的速度不同。北京的生均经费在 1997 年至 2019 年的年平均增长率为 0.17449，是 6 个省份中生均经费增长率最高的，河南的生均经费年平均增长率为 0.15029。北京本身生均经费较高，同时北京的生均经费增长速度最快，河南生均经费最低，同时河南的生均经费平均增长率在 6 个省份又是最低的，这和第 3 章的结论相一致，即生均经费越高的省份其增长速度越快，生均经费越低的省份其生均经费增长速度也越慢，两者之间的差距将会越来越大。

北京的生均经费增长率（见图 6－2）在 1997—2005 年为 0.19338，而广东的增长率为 0.12961；在 2006—2019 年，北京的生均经费增长率为 0.16118，而广东的生均经费增长率为 0.18607。广东的生均经费与北京相比较低，但是广东省在 2006—2019 年具有后发优势，使得北京和广东的生均经费在未来某一年趋于一致这个数据也验证了第 3 章的关于东部地区生均经费收敛性的结论。黑龙江的生均经费增长率在 1997—2019 年为 0.17055，在 1997—2005 年为 0.20469，在 2006—2019 年为 0.14676，河南的生均经费增长率在 1997—2019 年为 0.15029、在 1997—2005 年 0.17835，在 2006—2019 年为 0.13066。河南本身生均经费较低，而生均经费的增长速度也低于黑龙江，这和第 3 章关于中部地区生均经费收敛性的结论是一致的，即生均经费较高省份的生均经费增长速度较快，两者之间的差距越来越大。广西和宁夏生均经费增长率的情况与第3章的结论也是一致的，在此不再赘述。

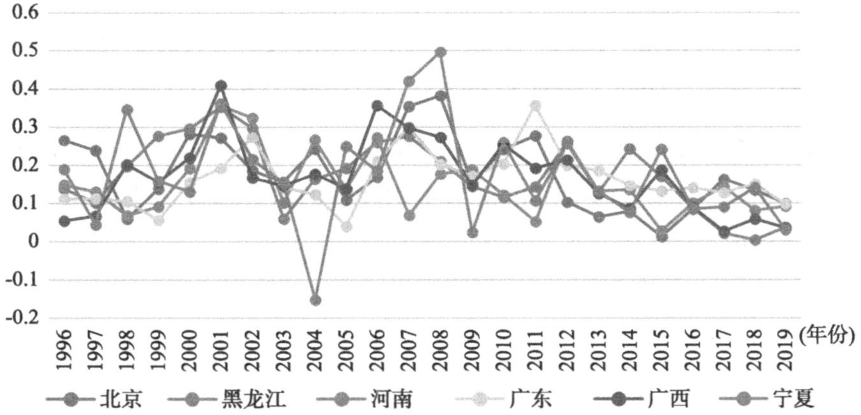

图6-2　各省（自治区、直辖市）生均经费的增长率

（2）从图6-3可以看出，各省（自治区、直辖市）的小学教育经费支出占总支出比重的变化非常明显，趋势呈现出不稳定的特点，有时呈现出增长的趋势，有时呈现出下降的趋势，这个变化趋势说明各省（自治区、直辖市）政府对小学义务教育的投入没有一个明确的增长目标，具有很大的随意性，从而导致义务教育投入占财政支出的频繁变动。

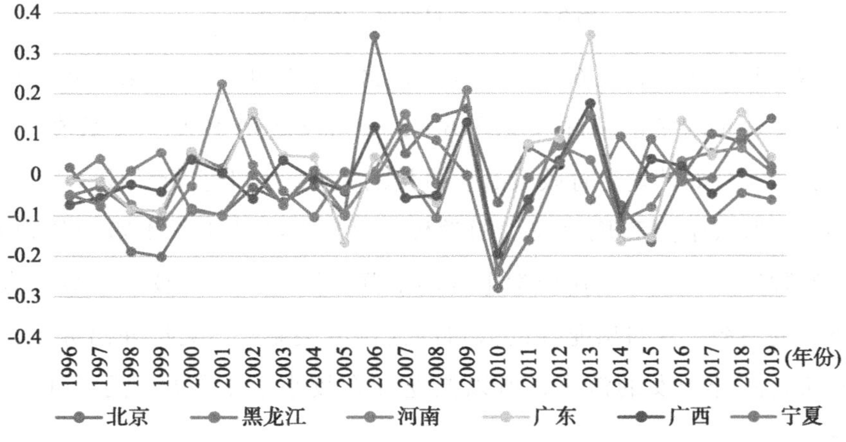

图6-3　各省（自治区、直辖市）小学经费支出占财政总支出比重

（3）各省（自治区、直辖市）的人均财政收入增长率均为正值，呈现出稳步增长的趋势（见图 6－4）。北京的人均财政收入平均增长率最高，年平均增长率为 15%，而黑龙江最低，年平均增长率为 12.15%，6 个省份（自治区、直辖市）的人均财政收入年平均增长率均超过了 10%。与生均经费增长率进行对比，发现所有省份（自治区、直辖市）的生均经费平均增长速度都高于人均财政收入平均增长速度，尽管河南的平均增长率只高出了 0.5%，但是整体上可以认为生均经费的增长速度高于人均财政收入的增长速度。

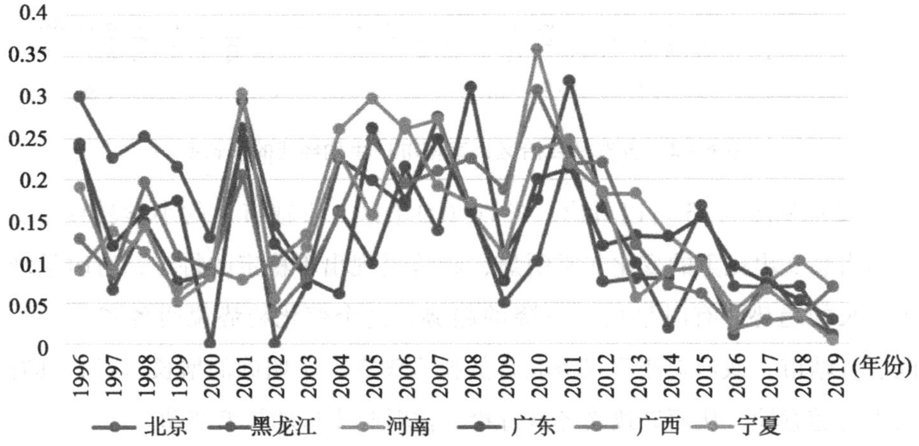

图 6－4 人均财政收入的增长率

（4）整体来看，这 6 个省份（自治区、直辖市）均在某些年份出现了小学生数负增长的情况（见图 6－5），也就是在校小学生数在下降。这和我国实行的计划生育政策有着直接的关联，加上实行学校合并政策，撤销了一些教学点和规模较小的学校，出现有些贫困学生辍学的现象，在一定程度上也导致了在校学生数的下降。黑龙江的在校学生数一直呈现下降的趋势，这与黑龙江的人口净流出有关系——父母外出务工，也必将带动随迁子女的流出，所以黑龙江在校小学生数出现了负增长的情况。

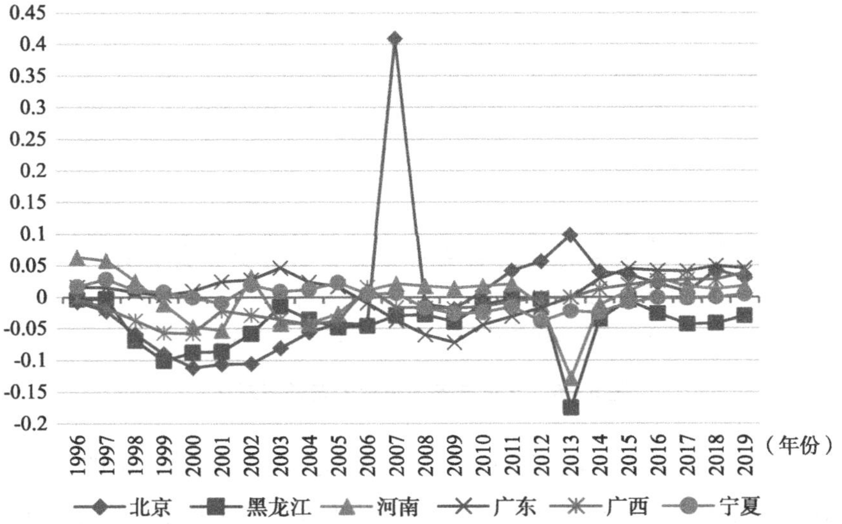

图 6-5　各省（自治区、直辖市）小学生数增长率

2. 北京市各分项的具体分析。

北京是我国的首都，是政治、经济、文化的中心，下面对北京市的各分项指标进行具体分析。表 6-9 罗列出北京各项指标在历年的增长率。各指标对比见图 6-6。

表 6-9　北京市各项指标的增长率

年份	小学生数增长率	人均财政收入增长率	小学经费支出比重增长率	生均经费增长率	年份	小学生数增长率	人均财政收入增长率	小学经费支出比重增长率	生均经费增长率
1996	-0.008	0.301	0.020	0.266	2008	-0.011	0.165	0.142	0.382
1997	-0.022	0.227	-0.076	0.239	2009	-0.019	0.050	0.164	0.153
1998	-0.059	0.252	-0.188	0.060	2010	0.010	0.101	-0.067	0.242
1999	-0.090	0.216	-0.201	0.139	2011	0.042	0.241	0.070	0.277
2000	-0.112	0.130	-0.081	0.282	2012	0.056	0.076	0.026	0.103
2001	-0.106	0.296	-0.098	0.273	2013	0.098	0.080	0.144	0.065
2002	-0.106	0.144	-0.029	0.186	2014	0.040	0.081	-0.073	0.079
2003	-0.080	0.084	-0.065	0.158	2015	0.036	0.168	-0.165	0.013
2004	-0.056	0.226	-0.025	0.243	2016	0.021	0.070	-0.007	0.086
2005	-0.042	0.199	-0.099	0.110	2017	0.009	0.069	0.102	0.164
2006	-0.043	0.168	0.344	0.169	2018	0.043	0.070	0.081	0.135
2007	0.409	0.276	0.054	0.355	2019	0.031	0.009	0.139	0.099

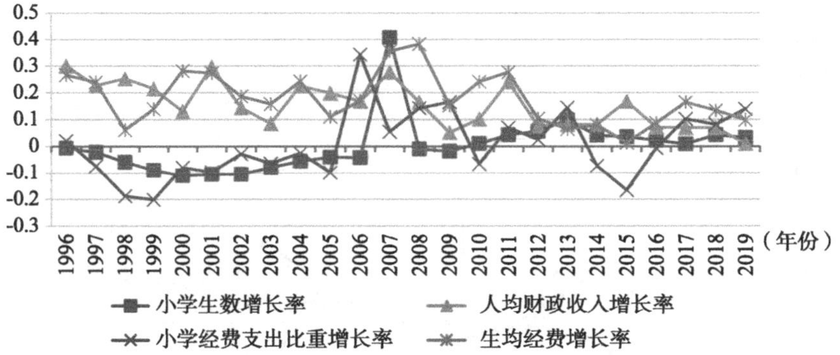

图 6-6 北京市各项指标的增长率对比

北京生均经费排名全国第 1，小学经费支出占财政总支出的比重位于第 30 名，在校学生数位于第 6 名，人均财政收入排名第 2，综合排名第 2 名。北京的生均经费增长速度在 2012 年以前多为两位数增长，2013—2016 年保持一位数增长，2017 年后基本又保持了两位数的增长。以上的综合分析看出，北京的小学经费支出占财政总支出比重尽管非常低，但是非常高的人均财政收入以及较少的在校学生数，使得该市的生均经费位于第 1 名。在看到生均经费强劲增长的同时，也看到北京人均财政收入的增长速度高于小学教育支出占财政支出比重的增长速度，说明北京市政府对义务教育的重视程度还是不够。北京市政府应关注学生数的变化，在学生人数增加时，及时调整增加政府的投入，以保证更高的生均经费。

3. 黑龙江各分项的具体分析。

黑龙江是东三省的一个省份，在地域上划分为中部地区，近几年由于经济增长滞后，人口外流现象比较严重，所以选取黑龙江作为中部地区人口流出省份的代表来分析各项指标。表 6-10 罗列出黑龙江各项指标历年的增长率。各指标对比图见图 6-7。

黑龙江的生均经费增长速度在有的年份快于人均财政收入增长速度，有的年份低于人均财政收入增长速度。小学生数变化则呈现出逐年减少的趋势，原因是黑龙江近几年由于经济发展的原因人口外流，从而导致小学生数减少。小学经费支出占财政总支出比重的增长速度也呈现出变化剧烈

表6－10　黑龙江各项指标的增长率

年份	小学生数增长率	人均财政收入增长率	小学经费支出比重增长率	生均经费增长率	年份	小学生数增长率	人均财政收入增长率	小学经费支出比重增长率	生均经费增长率
1996	-0.0043	0.24337	-0.05083	0.13805	2008	-0.0284	0.31253	-0.10526	0.21058
1997	-0.0023	0.06648	-0.02777	0.10206	2009	-0.0399	0.10931	0.13006	0.14456
1998	-0.0692	0.14839	-0.0849	0.19772	2010	-0.0127	0.17539	-0.23839	0.11544
1999	-0.1006	0.07635	-0.10777	0.27767	2011	-0.0025	0.3199	-0.08143	0.14347
2000	-0.0874	0.08488	0.05276	0.29719	2012	-0.0039	0.16603	0.1089	0.25871
2001	-0.0859	0.24877	0.01789	0.35339	2013	-0.17545	0.09792	-0.05947	0.12683
2002	-0.0580	0.00055	0.14996	0.2977	2014	-0.03508	0.01925	0.09518	0.24373
2003	-0.0145	0.07262	-0.03769	0.06028	2015	-0.00540	0.10162	-0.00665	0.16962
2004	-0.0360	0.16237	-0.10262	0.16405	2016	-0.02612	0.01049	0.00693	0.0871
2005	-0.0481	0.09861	0.00797	0.19303	2017	-0.04367	0.08582	-0.10929	0.02254
2006	-0.0458	0.21472	-0.00408	0.26179	2018	-0.0418	0.03509	-0.04494	0.00438
2007	-0.0296	0.13834	0.01134	0.27597	2019	-0.03052	0.01032	-0.06123	0.03765

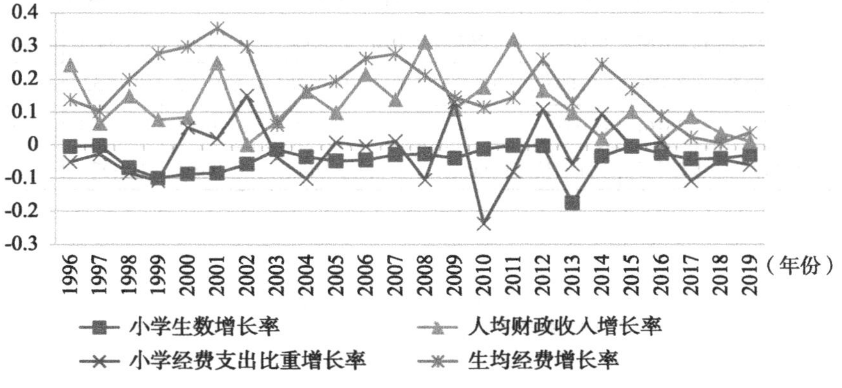

图6－7　黑龙江各项指标的增长率对比

的趋势，在最高年份2002年达到了14.996%，在最低年份2010年则下降至23.839%。小学经费支出占财政总支出比重的剧烈变化说明了该省对小学经费支出不具有稳定性，黑龙江省各级政府应该重视义务教育的投入力度，确保政策具有一定的稳定性，从而使小学经费支出占财政总支出的比重具有一定的正向变动趋势，而不是在正向和负向之间剧烈变动。

4. 河南各分项的具体分析。

河南是中部地区，且河南的在校小学生数是全国最多的省份，生均经费一直是全国最后一名。所以分析河南的各分项指标具有很大的代表性。表6－11罗列出河南历年各指标的增长率。各指标增长率对比见图6－8。

表6－11　河南各项指标的增长率

年份	小学生数增长率	人均财政收入增长率	小学经费支出比重增长率	生均经费增长率	年份	小学生数增长率	人均财政收入增长率	小学经费支出比重增长率	生均经费增长率
1996	0.0635	0.09013	－0.01326	0.14843	2008	0.0176	0.16174	－0.02031	0.17741
1997	0.0582	0.13725	0.04135	0.13088	2009	0.0149	0.1093	0.2093	0.18839
1998	0.0257	0.11232	－0.07091	0.06902	2010	0.0176	0.23738	－0.23519	0.12167
1999	－0.0109	0.06454	－0.12467	0.09128	2011	0.0209	0.24872	－0.00605	0.05194
2000	－0.0475	0.0919	－0.02523	0.19324	2012	－0.0125	0.18276	0.07228	0.26348
2001	－0.0530	0.07859	0.22621	0.35683	2013	－0.12899	0.18297	0.0377	0.13185
2002	0.0316	0.10151	0.02609	0.32454	2014	－0.01210	0.13129	－0.11544	0.13635
2003	－0.0416	0.13293	－0.07312	0.10204	2015	0.0091	0.09852	－0.07845	0.0287
2004	－0.0421	0.26187	0.00415	0.26708	2016	0.03045	0.04014	0.03471	0.10077
2005	－0.0268	0.29896	－0.09372	0.1376	2017	0.01705	0.07597	0.0552	0.14354
2006	0.0104	0.26161	0.00886	0.27417	2018	0.01277	0.10115	0.06607	0.08104
2007	0.0217	0.27365	0.15033	0.06843	2019	0.01798	0.0687	0.0076	0.0914

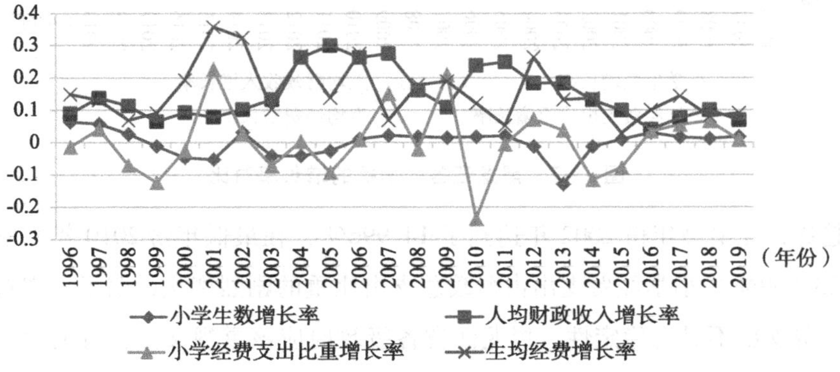

图6－8　河南各项指标的增长率对比

河南的小学生数除2013年外，其余年份没有太大变化；而河南生均经费的增长在有的年份大于人均财政收入的增长，有的年份小于人均财政收入的增长。河南小学经费支出比重占财政支出比重的增长比率基本低于人均财政收入的增长比率。河南的人均财政收入综合排名位于第29名，小学经费支出比重又基本低于人均财政收入的增长比例，同时是受教育人口最多的省份，从而导致了河南生均经费较低。所以河南要想大幅度提高当地的义务教育经费，除了自身不断增加对义务教育的投入外，还需要中央政府增加对该地的财政转移支付，并且结合当地的社会机构，从多方发力，不断解决当地的义务教育经费紧缺的问题。

5. 广东各分项的具体分析。

广东是东部经济发达地区，对教育的需求理应较高，应对应较大的财政投入以促进义务教育发展。但广东的生均经费综合排名较后。下面分析具体原因。表6-12罗列出广东历年各指标的增长率。各指标对比见图6-9。

表6-12　　　　广东各项指标的增长率

年份	小学生数增长率	人均财政收入增长率	小学经费支出比重增长率	生均经费增长率	年份	小学生数增长率	人均财政收入增长率	小学经费支出比重增长率	生均经费增长率
1996	0.0164	0.23722	-0.01339	0.11155	2008	-0.0601	0.1603	-0.06676	0.20261
1997	0.0153	0.12003	-0.01288	0.11266	2009	-0.0720	0.07676	0.121	0.17266
1998	0.0073	0.16281	-0.08317	0.10528	2010	-0.0441	0.20075	-0.18716	0.20386
1999	0.0032	0.17488	-0.08844	0.05616	2011	-0.0312	0.21346	0.07744	0.35678
2000	0.0097	0.00011	0.05956	0.15641	2012	-0.0168	0.12004	0.09105	0.20084
2001	0.0248	0.26233	0.00288	0.19328	2013	-0.00037	0.13148	0.34664	0.18684
2002	0.0279	0.12265	0.15778	0.27332	2014	0.02968	0.1304	-0.16281	0.14767
2003	0.0467	0.08002	0.04834	0.14164	2015	0.04443	0.1547	-0.15344	0.13173
2004	0.0237	0.06077	0.04518	0.12352	2016	0.04183	0.09523	0.13457	0.14151
2005	0.0166	0.26251	-0.16631	0.03969	2017	0.04058	0.07381	0.04869	0.12706
2006	-0.0094	0.17431	0.04462	0.21031	2018	0.04927	0.05287	0.15421	0.15061
2007	-0.0373	0.24936	-0.01271	0.2998	2019	0.04559	0.02929	0.04392	0.09797

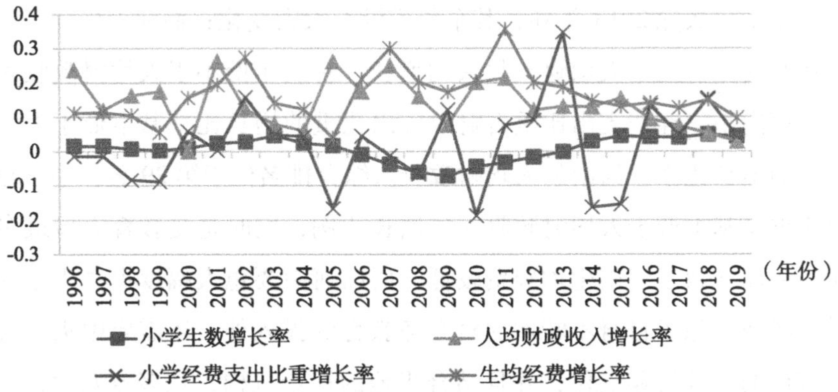

图6－9　广东各项指标的增长率对比

广东人均财政收入、生均经费都呈现出不断增长的趋势，其中2006年后生均经费增长速度高于人均财政收入的增长速度，而小学经费支出比重的增长速度变化仍然是非常剧烈的，除了2013年经费支出的增长比重高于人均财政收入外，其余年份都低于人均财政收入的增长速度。广东省的小学生数在2006—2013年呈现负增长的趋势，而在2013年后基本是正增长的，但是增长幅度不大。广东小学生数在全国排名倒数第2，属于在校学生数非常多的省份。广东是我国经济最发达的省份，财政收入连续31年稳居全国第一，所以广州综合排名靠后的可能原因是政府更多地关注经济增长，而对义务教育的重视程度不足，所以政府应该不断加大对义务教育的投入，以解决广东省生均经费较为落后的情况。

6. 广西各分项指标的具体分析。

广西位于我国的西部地区。广西的小学经费支出占财政总支出比重为全国综合排名第一，下面对广西的各分项指标进行具体分析，表6－13罗列出广西历年各指标的增长率。各指标对比见图6－10。

广西的生均经费综合排名位列全国第30位，广西的生均经费增长速度超过了人均财政收入的增长速度，小学生数增长速度在2013年以前除2006年外，其余年份均为负增长。自2014年开始，小学生数呈现正增长的趋势。小学经费支出占财政总支出的比重的增长速度尽管有正有负，和前几个省份相比，它的变化还是相对较平稳的，但是广西的小学经费支出

表6-13　　广西各项指标的增长率

年份	小学生数增长率	人均财政收入增长率	小学经费支出比重增长率	生均经费增长率	年份	小学生数增长率	人均财政收入增长率	小学经费支出比重增长率	生均经费增长率
1996	-0.0024	0.1279	-0.07276	0.05467	2008	-0.0170	0.22544	-0.04949	0.27349
1997	-0.0181	0.08506	-0.05482	0.06791	2009	-0.0181	0.18798	0.12966	0.14731
1998	-0.0370	0.19612	-0.02241	0.20314	2010	-0.0154	0.30797	-0.19462	0.25545
1999	-0.0566	0.10707	-0.03914	0.15613	2011	-0.0071	0.2198	-0.06014	0.19303
2000	-0.0574	0.09257	0.03951	0.2205	2012	-0.0012	0.22066	0.03587	0.21493
2001	-0.0214	0.20523	0.00701	0.4109	2013	-0.0005	0.1211	0.17693	0.12515
2002	-0.0290	0.03774	-0.05723	0.16727	2014	0.0130	0.0715	-0.10111	0.08654
2003	-0.0357	0.08281	0.03767	0.14595	2015	0.0192	0.06058	0.03987	0.18759
2004	-0.0433	0.15984	-0.00944	0.17765	2016	0.02560	0.01828	0.02238	0.08909
2005	-0.0378	0.24889	-0.03999	0.13834	2017	0.02744	0.02816	-0.04521	0.02697
2006	0.0162	0.19523	0.11857	0.35702	2018	0.02808	0.03191	0.00625	0.05897
2007	-0.0166	0.21001	-0.05608	0.29771	2019	0.03829	0.06943	-0.02398	0.03565

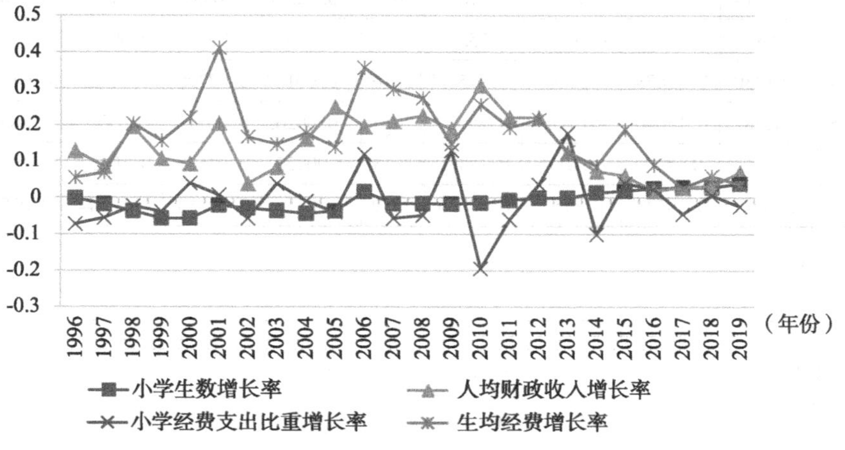

图6-10　广西各项指标的增长率对比

占财政总支出比重综合排名全国第1。较高的财政支出比重排名对应着较低的生均经费综合排名，而且生均经费增长速度超过了人均财政收入的增长速度，只能说明广西省政府已经很重视义务教育发展，但是经济欠发达，财力有限，导致了较低的生均经费。

7. 宁夏各分项指标的具体分析。

宁夏是西部少数民族聚集区，经济发展和财政收入都相对落后，宁夏的财政收入主要依靠政府进行财政转移支付，所以下面对宁夏各分项指标进行具体分析，表 6－14 罗列出宁夏历年各指标的增长率。各指标对比见图 6－11。

表 6－14　　　　宁夏各分项指标的增长率

年份	小学生数增长率	人均财政收入增长率	小学经费支出比重增长率	生均经费增长率	年份	小学生数增长率	人均财政收入增长率	小学经费支出比重增长率	生均经费增长率
1996	0. 01680	0. 19047	－0. 04647	0. 19011	2008	－0. 01718	0. 17181	0. 08559	0. 49635
1997	0. 02851	0. 09078	－0. 07346	0. 04465	2009	－0. 02625	0. 16125	－0. 00098	0. 02493
1998	0. 01042	0. 14279	0. 01257	0. 34695	2010	－0. 02528	0. 35875	－0. 27775	0. 26049
1999	0. 00859	0. 05163	0. 05554	0. 16013	2011	－0. 01587	0. 21918	－0. 16016	0. 10662
2000	－0. 00122	0. 08211	－0. 08786	0. 13122	2012	－0. 03910	0. 18509	0. 02645	0. 25693
2001	－0. 00954	0. 30429	－0. 09718	0. 36257	2013	－0. 02296	0. 05563	0. 14828	0. 1316
2002	0. 01914	0. 055	0. 00257	0. 21652	2014	－0. 02526	0. 0889	－0. 13243	0. 07633
2003	0. 00898	0. 11884	－0. 07233	0. 15391	2015	－0. 00881	0. 09392	0. 08818	0. 24184
2004	0. 01230	0. 23078	0. 01261	－0. 15137	2016	－0. 00107	0. 02796	－0. 01617	0. 08526
2005	0. 02282	0. 15646	－0. 0353	0. 25025	2017	－0. 00263	0. 06617	－0. 00664	0. 08985
2006	0. 00513	0. 2688	－0. 01167	0. 18485	2018	0. 00025	0. 03542	0. 10453	0. 14148
2007	0. 00571	0. 19144	0. 1152	0. 42035	2019	0. 00456	0. 00389	0. 02144	0. 03058

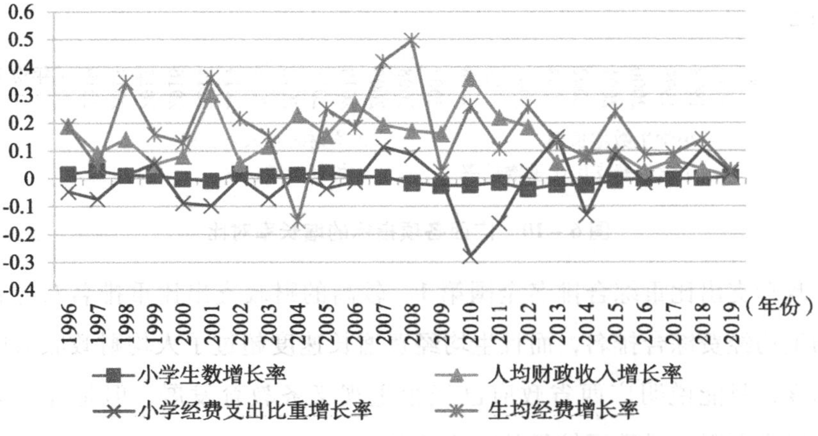

图 6－11　宁夏各项指标的增长率对比

宁夏人均财政收入增长速度有的年份高于生均经费的增长速度，而有的年份低于生均经费增长速度。小学教育经费支出占总支出的比重也同样为有的年份正增长较高，而有的年份出现负增长的情况。但是小学经费支出比重基本低于人均财政收入增长速度，小学生数在 2008—2017 年一直呈现负增长。宁夏是我国的西部省份，经济欠发达，自身的财政收入有限。国家每年对该地进行大量的财政转移支付，从而导致人均财政收入的增长幅度较大；而义务教育的承载主体是各地政府，主要是靠当地的财政收入进行支付，财政转移支付有些是专项转移支付，地方政府无法进行支配，所以宁夏出现了尽管人均财政收入增长较快，但是小学经费支出比重占财政总支出比重较低的情况，所以导致生均经费总体较低。

6.5　小结

1. 使用函数型数据的综合排名方法，对各省影响生均经费的因素进行综合评价排名，并且将综合排名与各省生均经费的排名情况进行分析，总体上认为各省的综合评价排名与生均经费排名比较匹配，使用该方法进行综合评价是可行的。

2. 同时也发现综合排名与各省生均经费排名出现不匹配的情况，根据这种情况，对各个影响因素进行具体的分析，根据各省具体情况提出了不同的提高各省生均经费的具体措施。

3. 各省小学经费支出占财政总支出比重的增长速度变化都是非常剧烈的，有的年份正增长加快，而有的年份则出现了较大的负增长，有的年份小学经费支出比重占财政总支出的比重高于人均财政收入的增长速度，有的年份低于财政收入的增长速度，这和郑磊（2008）的结论[116]是较为相符的，也说明了我国规定“预算内教育经费的增长速度高于经常性财政收入的增长速度”的要求并没有实现。

6.5 小结

第 7 章

政策对义务教育差距的影响

在上一章研究义务教育的影响因素分析中，发现各省对义务教育的财政支出具有不稳定性，随着时间的变化，小学教育经费支出占财政总支出的变化较大。该问题的出现可能是由于政府对教育、养老、医疗等各种公共服务都负有责任，需要统筹安排所有的经费，在一定年度对某一项倾斜，就会促使该项目的支出增加而使其余项目的支出减少，这也意味着政策对义务教育的发展会产生一定的影响。本章将着重研究政策对义务教育差距的影响，主要研究义务教育政策本身对义务教育的影响和城镇化对义务教育的影响，仍然从生均经费的视角进行分析。

7.1　义务教育政策对义务教育的影响

2005 年我国颁布实施《国务院关于深化农村义务教育经费保障机制改革的通知》（国发〔2005〕43 号），该通知明确规定了义务教育的经费投入是在国务院领导下，由地方政府负责，分级管理，以县为主进行管理。2006 年颁布了新《义务教育法》，该法中明确规定要促进义务教育经费的 3 个增长，只有政府投入充足的教育经费，才能使学校资源、师资力量得到提升。目前，新义务教育法已实施 10 余年，实施效果如何？对义务教育经费是否起到促进作用？是否起到减小各省义务教育差距的效果？本节将主要研究新义务教育法对义务教育经费的影响。

7.1.1　模型介绍

1. 断点回归分析理论。

学者唐纳德·塔贝尔在 1958 年首次建立断点回归分析理论，该理论有效解决了需要对比试验和随机试验同时进行的问题。断点回归在教育学和心理学得到广泛应用。后来，Hahn 等人对断点回归模型估计进行了严谨细致的分析。发展至今，断点回归方法在各个学术领域研究中应用十分广泛[117]。

断点回归的基本思想是存在一个连续变量，该变量能判定个体在临界值两侧受到政策干预的概率。个体是随机落入临界值任意一侧的，不会因为人为因素导致个体落入临界值某一侧的概率更大或更小，这时临界值附近就成为了一个准自然实验。

断点回归估计结果近似于随机实验结果。相较于倾向得分匹配法和双重差分法，断点回归法的优点在于断点回归模型考虑了政策突变对结果变量的影响，政策实施应该会导致结果变量发生一个质的变化，从而在某一个时间点产生跳跃；另外，断点回归模型可以通过对比研究对象在断点前后的变化来检验政策实施效果[118]。因此，本文选取断点回归进行分析。

断点回归包括精确断点回归和模糊断点回归。第一，精确断点回归的临界值是确定的，也就是在临界值一侧的观测值都接受了处理，而在临界值另一侧的观测值没有得到处理，个体得到的处理概率从 0 跳跃到 1；第二，模糊断点回归的临界值是模糊的，即观测值在临界值附近的处理概率是单调变化的，个体受到处理概率从 a 跳跃到 b，其中 $0 < a < b < 1$，概率变化具有一定的不确定性。断点回归可以直接用于面板数据，在面板数据下不需要控制固定效应就能得到处理效应的无偏估计[119]。

2. 断点回归法应用步骤。

断点回归法需要进行三个步骤，分别是检验临界值处是否存在断点、进行断点回归和稳健性检验。

（1）检验临界值处是否存在断点。在进行断点回归分析之前，首先观察研究问题中结果变量是否发生断点现象，有两种方法可以检验，一种方法是对断点前后的观测值进行连续性检验，如果有断点，则说明此研究问题是适用于断点回归的；另一种方法可以采用画图进行验证，若图中出现断点现象，则可以表明断点回归方法适合分析此研究问题。

（2）进行断点回归。根据研究问题现实情况选择精确断点回归还是模糊断点回归，然后为了判断结果变量的断点现象是否由政策实施造成的，需要在断点回归模型中加入控制变量，这是为了考察是否有其他因素影响模型估计，可以在有无控制变量情况下对估计结果进行对比分析。

（3）稳健性检验。为确保断点回归结果的准确性，需要进行稳健性检验。首先，进行有效性检验，指控制变量在断点附近都不应该存在处理效应，即判断加入的控制变量是否会在断点处发生跳跃情况，若发现控制变量在断点前后没有明显的跳跃现象，则可以认为结果变量在断点处发生的突变是由政策实施造成的，政策实施是产生断点的实际因素；其次，通过带宽检验验证回归结果对于样本空间的依赖性。带宽长度会影响回归估计结果，要获得稳健的结果，就要求对带宽长度不敏感。若是检验结果与断点回归估计结果相差不大，则可以认为模型稳健。最后，为了确保结果的可信度，进行安慰剂检验，也就是构造伪政策，其基本思想是虚构政策时间进行估计，也就是选择不同于断点的值作为安慰剂断点，如果不同断点值回归结果显著，表明结果变量的变动很有可能受到了其他政策颁布或随机因素的影响；如果不同断点值回归结果不显著，则表明断点的真实性，说明结果变量的变化是所研究政策带来的影响。

3. 断点回归模型构建。

新《义务教育法》于 2006 年开始实施，考虑政策时滞效应，选用 2007 年为断点年份，本书采用精确断点回归法研究新《义务教育法》对义务教育经费的影响。若能发现义务教育经费在断点处发生跳跃现象，则该跳跃现象可能是新义务教育法实施造成的。据此，本书在已有研究的基础上[120]，结合本书实际问题，构建如下模型：

$$y_{1it} = \alpha_0 + \alpha_1 d_{i,t} + \alpha_2(t-c) + \alpha_3(t-c)d_{i,t} + \sum_{k=1}^{2}\gamma_k X_{itk} + \mu_{it} \quad (7-1)$$

$$y_{2it} = \beta_0 + \beta_1 d_{i,t} + \beta_2(t-c) + \beta_3(t-c)d_{i,t} + \sum_{k=1}^{2}\delta_k X_{itk} + \varepsilon_{it} \quad (7-2)$$

其中，y_{1it}表示省 i 在第 t 年生均教育经费指数；y_{2it}表示省 i 在第 t 年生均公用经费指数；$d_{i,t}$是处理变量，表示 i 省在第 t 年是否实施新义务教育法，$d_{i,t}$的系数 α_1 及 β_1 可以解释为平均处理效应，也可以表示为在断点处政策对结果变量影响的度量，如果系数为正，则表示政策对结果变量有促进作用，如果系数为负，则表示政策对结果变量有抑制作用；c 表示政策实施日期；变量 $t-c$ 是对于时间变量 t 的标准化；加入（$t-c$）$d_{i,t}$ 使断点两侧回归斜率不同；X_{itk} 表示省 i 在第 t 年的第 k 个控制变量；μ_{it} 和 ε_{it} 表示省 i 无法测量的白噪声。

7.1.2 样本与数据

1. 变量选取和说明。

（1）处理变量：本书将新《义务教育法》是否实施设为虚拟变量，2006 年 9 月新《义务教育法》颁布，考虑政策时滞效应，界定 2007 年为断点年份，具体如下所示：

$$d_{i,t}=\begin{cases}1,(t\geqslant 2007)\\0,(t<2007)\end{cases}\tag{7-3}$$

其中，i 代表省份；t 代表时间。

（2）结果变量：不同地区的经济状况发展水平具有很大差异，为了保证一致性和可比性，构建生均教育经费指数代表各省义务教育经费投入，计算公式为：

$$\text{生均教育经费指数}=\frac{\text{各省的生均教育经费}}{\text{各省的人均 GDP}}\tag{7-4}$$

构建生均公用经费指数代表各省生均义务教育经费支出水平，计算公式为：

$$\text{生均公用经费指数}=\frac{\text{各省的生均公用经费}}{\text{各省的人均 GDP}}\tag{7-5}$$

（3）控制变量：为了判断义务教育经费的断点现象是否是由新《义务教育法》造成的，需要在断点回归模型中加入控制变量，并且要求在断点处控制变量不能有明显的跳跃现象，从而保证模型估计的准确性。因此，控制变量应与义务教育经费有相关性。经济发展、在校学生数及教师数都会对义务教育经费产生影响。

采用第三产业增加值作为经济发展变量，国家经济水平是提升教育质量的基础，要想加大义务教育经费投入，必须要有一定经济实力，所以经济水平影响着义务教育经费投入；在校学生数和教师数常被用做影响义务教育经费投入的重要因素，当在校学生数和教师数增多时，意味着需要更多的教育资源来支撑，从而需要投入更多的教育经费。因此将第三产业增加值、在校学生数和教师数作为控制变量，为消除异方差对变量进行取对数处理。

表7-1　　变量及其定义

变量	变量名称	变量符号	变量定义
结果变量	生均教育经费指数	y_1	各省的生均教育经费/各省的人均 GDP
	生均公用经费指数	y_2	各省的生均公用经费/各省的人均 GDP
处理变量	新义务教育法是否实施	d	2007 年之后取值为 1，2007 年之前取值为 0
控制变量	第三产业增加值	lnTIVA	—
	在校学生数	lnSTU	—
	教师数	lnTCH	—

2. 数据来源。

本书数据主要来源于1999—2019年全国教育经费执行情况统计公告，2000—2020年《中国统计年鉴》《中国教育统计年鉴》《中国教育经费统计年鉴》，采用的实证样本为1999—2019年中国31个省、自治区、直辖市的数据①。

7.1.3　基于断点回归的政策有效性实证分析

1. 我国义务教育经费的变动趋势。

（1）国家财政性教育经费占比情况。2006年《中共中央关于构建社会主义和谐社会若干重大问题的决定》中提出了“国家财政性教育经费占

① 由于全国教育经费执行情况统计公告数据只有1999年以后的，所以采用1999—2019年数据。

国内生产总值的比例要达到4%”的要求，该政策颁布后，国家财政性教育经费占GDP的比重在逐年上升，从图7-1可以看出，2012年首次国家财政性教育经费占GDP的比重达到了4%这个目标，到2019年连续8年保持在4%以上，这充分说明了国家对教育发展的重视。

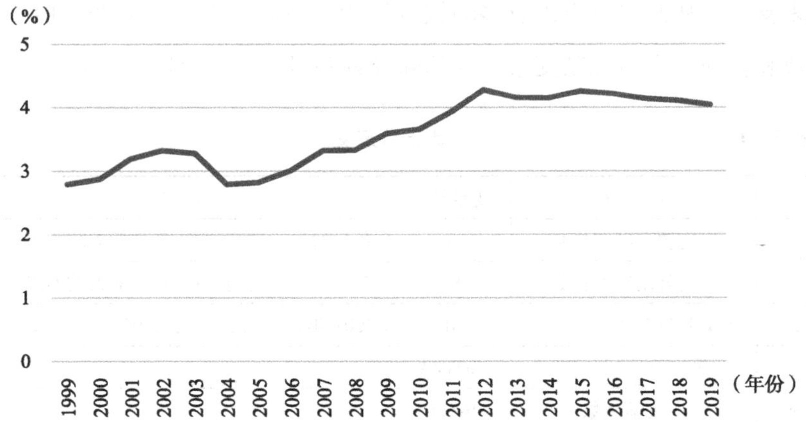

图7-1 1999—2019年国家财政性教育经费占GDP的比重变化

（2）我国义务教育经费变动趋势。从图7-2可知，1999—2019年全国义务教育生均教育经费和生均公用经费逐年递增，实现了义务教育经费“三个增长”中的在校学生人数平均教育费用逐步增长和学生平均公用经费逐步增长。生均教育经费和生均公用经费曲线在1999—2006年间比较平坦，自2006年出现了一个拐点，生均教育经费和生均公用经费在2007—2019年间的曲线变化和1996—2006年相比，都较为陡峭。

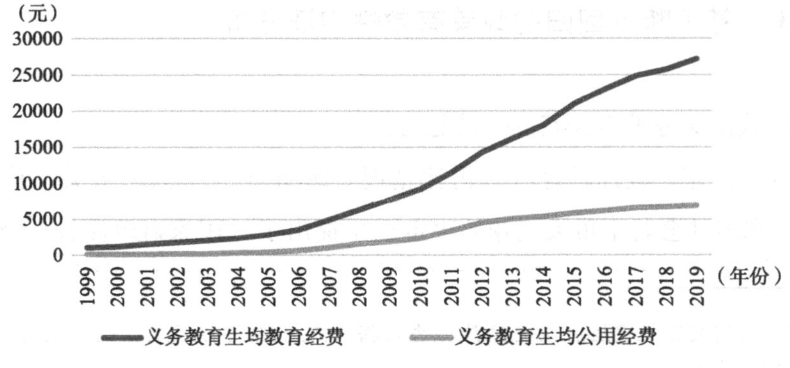

图7-2 1999—2019年全国义务教育经费变化

2. 断点回归初步估计。

在进行断点回归分析之前，首先观测各省生均教育经费指数和生均公用经费指数是否发生断点变化[121]。

图 7-3、图 7-4 显示生均教育经费指数和生均公用经费指数在断点处（2007 年）出现明显向上跳跃，说明新《义务教育法》实施后生均教

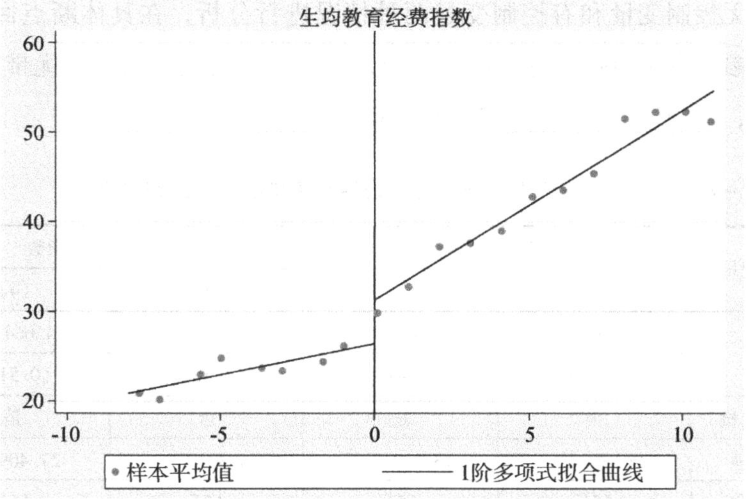

图 7-3　生均教育经费指数在断点处变化

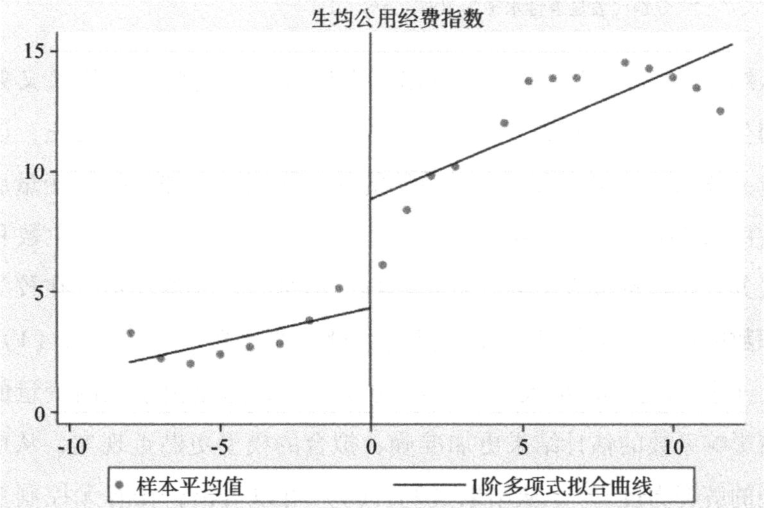

图 7-4　生均公用经费指数在断点处变化

育经费指数和生均公用经费指数在政策颁布实施后均发生明显的变化，可以进行断点回归分析。

3. 全样本断点回归结果。

在断点回归模型中加入控制变量不仅不会影响回归结果，还可以减小随机项方差，提高模型估计准确性，而且还可以检验模型的稳健性，因此本书分无控制变量和有控制变量两种情况进行分析，在具体断点回归中，利用非参数方法对带宽进行最优选择，得到本次断点回归的最优带宽大约为2年，回归估计结果如表7－2所示。

表7－2　生均教育经费指数和生均公用经费指数断点回归结果

结果变量	生均教育经费指数		生均公用经费指数	
	(1)	(2)	(3)	(4)
d	5.731***	6.476***	4.531***	4.664***
	(1.860)	(1.417)	(0.585)	(0.511)
控制变量	否	是	否	是
常数项	26.399***	136.234***	4.331***	27.409***
样本数	651	651	651	651
R^2值	0.3726	0.6749	0.5067	0.6788

注：*、**、***分别代表显著性水平为10%、5%、1%。

从结果（1）（2）中可以看出，无论有无控制变量，新《义务教育法》对生均教育经费指数的影响系数在1%的水平下均显著为正，说明该政策对义务教育经费投入产生了明显的促进作用，在加入控制变量后，影响系数由5.731增大为6.476，说明第三产业增加值、在校学生数和教师数对义务教育经费投入都会产生正影响，即第三产业增加值、在校学生数和教师数的增加都会促进义务教育经费投入的提高。对比结果（1）（2）的R^2，有控制变量的R^2大于无控制变量的R^2，这是由于控制变量的加入使政策影响系数的估计结果更加准确、拟合的模型更贴近现实，从而加大对模型的解释力度[122]。从结果（3）（4）可以看出，在有无控制变量的情况下政策影响系数都在1%的显著性水平下为正，这说明新《义务教育法》对生均公用经费指数均有明显的正向影响，加入控制变量后系数由 4.531 增大为 4.664，说明第三产业增加值、学生数和教师数的增加会提高生均公用经费支出。

4. 小学和初中样本断点回归结果。

上面将义务教育阶段作为一个总体讨论，基本结论为新《义务教育法》的实施明显促进了义务教育经费增长。义务教育阶段包含小学和初中两个阶段，为了避免加总效应，下面分别讨论实施新《义务教育法》后小学和初中的经费变化情况。

回归结果如表 7 - 3 所示，从结果（5）可以看出，小学生均教育经费指数的政策影响系数为正，但显著性较弱，说明新《义务教育法》对提高小学经费投入并不理想。加入控制变量后，影响系数由 1.488 增大为 2.091 并在 1% 水平下显著，表明第三产业增加值、学生数和教师数的增加会提高小学生均教育经费。从结果（7）（8）可以看出，在有无控制变量的情况下小学生均公用经费指数的政策影响系数都在 1% 的显著性水平下为正，表明新《义务教育法》显著提高了生均公用经费的支出。其次分析初中断点回归结果，可以看到，初中生均教育经费指数和公用经费指数在有无控制变量的情况下，影响系数都显著为正，说明新《义务教育法》对初中教育经费投入和支出均有显著促进影响。最后，在有控制变量情况下，对比小学和初中生均教育经费指数和生均公用经费指数的政策影响系数，发现初中两指标的政策影响系数均大于小学的，说明政府在投入教育经费时，会更倾向于初中教育。

表 7 - 3　　小学和初中样本断点回归结果

结果变量	小学				初中			
	生均教育经费指数		生均公用经费指数		生均教育经费指数		生均公用经费指数	
	(5)	(6)	(7)	(8)	(9)	(10)	(11)	(12)
d	1.488 *	2.091 ***	1.591 ***	1.698 ***	4.243 ***	3.556 ***	2.947 ***	2.769 ***
	(0.843)	(0.661)	(0.229)	(0.206)	(1.083)	(0.762)	(0.380)	(0.290)
控制变量	否	是	否	是	否	是	否	是

续表

结果变量	小学				初中			
	生均教育经费指数		生均公用经费指数		生均教育经费指数		生均公用经费指数	
	(5)	(6)	(7)	(8)	(9)	(10)	(11)	(12)
常数项	13.284***	69.573***	1.950***	12.612***	13.115***	88.002***	2.382***	18.809***
样本数	651	651	651	651	651	651	651	651
R^2值	0.2979	0.6230	0.4600	0.6347	0.4183	0.7088	0.5009	0.6669

7.1.4 模型的稳健性检验

稳健性检验是对模型估计结果的准确性进行检验，主要验证的是参数发生改变结果是否也会变化。若改变参数，得出的结果是参数方向和显著性发生变化，则说明模型不稳健。为确保断点回归结果的准确性，将通过有效性检验、带宽检验和安慰剂检验对模型进行稳健性检验[123]。

1. 有效性检验。

断点回归中的控制变量要满足连续性变化，也就是控制变量在断点处不能发生突变。从表7-4可以看出，三个控制变量的系数均不显著，说明在断点回归模型中控制变量满足在断点处连续的条件。断点回归方法是适用的。

表7-4 控制变量的连续性检验

控制变量名称	系数
第三产业增加值	0.144
在校学生数	-0.051
教师数	-0.006

2. 带宽检验。

带宽长度会显著影响回归估计结果，要获得稳健的结果，就要求对带宽长度不敏感。若是检验结果与断点回归估计结果相差不大，则可以认为模型稳健。本书参照徐晔、蔡奇翰使用5倍和7倍带宽分别进行断点回归分析[122]。结果如表7－5所示，从该表看出，不管采用哪一种带宽，新《义务教育法》对生均教育经费指数和生均公用经费指数依然是显著正向影响，所以结论稳健。

表7－5　　　　带宽检验

结果变量	5倍最佳带宽				7倍最佳带宽			
	生均教育经费指数		生均公用经费指数		生均教育经费指数		生均公用经费指数	
	(1)	(2)	(3)	(4)	(5)	(6)	(7)	(8)
d	5.062**	5.397***	1.170**	1.237**	4.588**	5.137***	2.196***	2.296***
	(2.283)	(1.626)	(0.582)	(0.493)	(1.981)	(1.414)	(0.546)	(0.456)
控制变量	否	是	否	是	否	是	否	是
常数项	25.492***	84.937***	5.367***	7.501***	26.396***	89.863***	4.854***	18.005***
样本数	341	341	341	341	465	465	465	465
R^2值	0.2542	0.6396	0.5534	0.7190	0.3195	0.6677	0.5862	0.7291

3. 安慰剂检验。

为了保证断点回归估计结果的准确性，需要进行安慰剂检验。如果不同断点值回归结果不显著，则表明断点的真实性，说明结果变量的变化是所研究政策带来的影响[123]。因此，本书在新《义务教育法实施》年份（2007年）前后各取一个假定实施年份进行断点回归分析，假定年份断点分别为2005年和2009年。结果如表7－6所示，表中估计结果均不显著，通过了安慰剂检验，说明原断点回归模型得到的结论具有统计上的可靠性。

表7－6　　　　安慰剂检验

结果变量	假定2005年为断点				假定2009年为断点			
	生均教育经费指数		生均公用经费指数		生均教育经费指数		生均公用经费指数	
	(9)	(10)	(11)	(12)	(13)	(14)	(15)	(16)
d	－0.211	－0.021	0.687	0.694	1.792	1.623	－0.492	－0.580
	(2.210)	(1.511)	(0.574)	(0.418)	(2.718)	(1.887)	(1.210)	(0.908)
控制变量	否	是	否	是	否	是	否	是
样本量	651	651	651	651	651	651	651	651

7.1.5 小结

本节使用断点回归的方法和原理研究我国义务教育政策对义务教育经费的影响。首先介绍了断点回归分析方法的原理、步骤，然后对我国义务教育经费现状进行描述分析，发现到2019年国家财政性教育经费占GDP的比重已连续8年保持在4%以上，并且生均教育经费和生均公用经费逐年递增，这充分说明了国家对教育发展的重视。其次以生均教育经费指数、生均公用经费指数为结果变量（被解释变量）分别构建断点回归模型，发现这两个指数在政策颁布实施后均发生明显的变化，新《义务教育法》对义务教育经费增长具有显著促进作用，对初中教育经费的促进作用大于小学。最后，进行有效性检验、带宽检验和安慰剂检验来验证模型的稳健性，结论为断点回归模型得到的结论稳健，具有统计上的可靠性，验证了上述的结论，即新《义务教育法》促进了义务教育经费的增长。

7.2 城镇化率对义务教育的影响

李克强总理在2020年政府工作报告中提出要加强新型城镇化建设。新型城镇化建设包括加强基础设施建设、城乡一体化建设，不断推动公共服务均等化①。公共服务均等化就是要不断促进义务城乡一体化发展，不断减小城乡之间的差距，而义务教育是公共服务均等化的一项内容，所以本节研究城镇化对义务教育的影响。

本章研究将从义务教育城乡一体化的角度出发，分析不断推进的城镇化对义务教育的影响，讨论城镇化对义务教育经费产生正影响还是负影

---

① http://www.gov.cn/zhuanti/2020lhzfgzbg/index.htm.

响，以此来分析城镇化对义务教育的影响。采用地理回归模型（GWR）的方法分析城镇化率对义务教育的影响，本节的研究，拓展了义务教育影响因素分析的方法研究和内容研究。

7.2.1 模型介绍

1. 地理加权模型（GWR）的基本理论。

根据Tobler提出的地理学第一定律：在空间上所有的事物都是存在相关性的，且其相关性与距离成正比，空间数据之间的空间异质性就是这个原因引起的；地理加权回归模型的提出就是为了研究空间异质性[124]。

地理加权回归模型基本公式为：

$$y_i = \beta_n(u_i,v_i) + \sum_{k=1}^{n}\beta_k(u_i,v_i)x_{ik} + \varepsilon_i, i = 1,2,\cdots,n \quad (7-6)$$

式中：(u_i,v_i) 为第 j 个样点的坐标（如经纬度）；$\beta_k(u_i,v_i)$ 是第 i 个样点的第 k 个回归参数；ε_i 是第 i 个样点的随机误差。为了表述方便，我们将上式简写为：

$$y_i = \beta_n + \sum_{k=1}^{n}\beta_{ik}x_{ik} + \varepsilon_i, i = 1,2,\cdots,n \quad (7-7)$$

若 $\beta_{1k} = \beta_{2k} = \cdots = \beta_{nk}$，则地理加权回归模型（GWR）就退变为普通线性回归模型（OLS）。

2. 地理加权回归模型的估计。

地理加权回归模型（GWR）是对普通线性回归模型（OLS）的扩展，将样本数据的地理位置嵌入到回归参数之中，Fotheringham等依据“接近位置 i 的观察数据比那些离 i 位置远一些的数据对 $\beta_k(u_i,v_i)$ 的估计有更多的影响”（Fotheringham等，1996）的思想，利用加权最小二乘法来估计参数[125]。即：

$$f(\beta_{i0},\beta_{i1},\cdots,\beta_{ip}) = \min\sum_{i=1}^{n}w_{ij}\left(y_j - \beta_{i0} - \sum_{k=1}^{p}\beta_{ik}x_{ik}\right)^2 \quad (7-8)$$

其中，w_{ij} 为样本点 i 处的空间权重矩阵。回归系数的最小二乘估值：

$$\tilde{\beta} = [\tilde{\beta}_{i0},\tilde{\beta}_{i1},\cdots,\tilde{\beta}_{ik}]$$

地理加权回归的空间核函数：

$w_i = diag(w_{i1}, w_{i2}, \cdots, w_{in})$

样本点 i 的回归参数 $\tilde{\beta}_i$ 估计值为：

$$\tilde{\beta}(u_i, v_i) = [x^T w(u_i, v_i) x]^{-1} x^T w(u_i, v_i) y \qquad (7-9)$$

其中自变量 X，因变量 Y 分别为

$$X = \begin{bmatrix} 1 & x_{11} & \cdots & x_{1k} \\ 1 & x_{21} & \cdots & x_{2k} \\ \cdots & \cdots & \cdots & \cdots \\ 1 & x_{n1} & \cdots & x_{nk} \end{bmatrix}, Y = \begin{bmatrix} y_1 \\ y_2 \\ y_3 \\ y_4 \end{bmatrix}$$

$$w(u_i, v_i) = w(i) = \begin{bmatrix} w_{i1} & 0 & \cdots & 0 \\ 0 & w_{i2} & \cdots & 0 \\ \cdots & \cdots & \cdots & \cdots \\ 0 & 0 & \cdots & w_{in} \end{bmatrix}$$

$$\beta = \begin{bmatrix} \beta_0(u_1, v_1) & \beta_1(u_1, v_1) & \cdots & \beta_k(u_1, v_1) \\ \beta_0(u_2, v_2) & \beta_1(u_2, v_2) & \cdots & \beta_k(u_2, v_2) \\ \cdots & \cdots & \cdots & \cdots \\ \beta_0(u_n, v_n) & \beta_1(u_n, v_n) & \cdots & \beta_k(u_n, v_n) \end{bmatrix}$$

$\bar{\beta}$ 是 β 的估计值；n 是空间样点数；k 是自变量的个数；w_{in} 是对位置 i 刻画模型时赋予数据点 n 的权重。

3. 空间权函数的选择。

空间权重矩阵是地理加权回归模型（GWR）的核心，空间权函数的选取对地理加权回归模型（GWR）的参数估计影响很大[126]。本书选用高斯（Gauss）函数法进行空间权重的选取。

高斯（Gauss）函数法就是表示 w_{ij} 与 d_{ij} 之间的连续单调递减函数，可以克服上述空间权函数不连续的缺点。其函数形式如下：

$$w_{ij} = \exp(-(d_{ij}/b)^2) \tag{7-10}$$

式中 b 是描述权重与距离之间函数关系的非负衰减参数，称之为带宽。带宽越大，权重随距离增加衰减的越慢，带宽越小，权重随距离增加衰减的越快[127]。

4. 带宽的确定。

Akaike 通过对极大似然原理的估计参数方法加以修正，提出了一种较为一般的模型选择准则，称为 Akaike 信息量准则，其公式为：

$$AIC = -2\ln L(\tilde{\theta}_L, x) + 2q \tag{7-11}$$

其中，$\tilde{\theta}_L$ 是 θ 的极大似然估计；q 为未知参数的个数。

AIC 准则应用比较广泛，Hurvichetal 将 AIC 准则扩展到非参数回归分析中的光滑参数选择（Hurvich 等，1998），Brunsdon 和 Fotheringham 则在 Hurvich 等研究基础上将其进一步用于地理加权回归分析中的权函数带宽选择，其公式为：

$$AIC_c = 2n\ln(\tilde{\sigma}) + n\ln(2\pi) + n\frac{n + tr(s)}{n - 2 - tr(s)} \tag{7-12}$$

其中，下标 c 表示“修正后的”AIC 估计值；n 是样点的大小；$\tilde{\sigma}$ 子是误差项估计的标准离差；$tr(s)$ 是 GWR 模型的 s 矩阵的迹，它是带宽的函数。AIC 有利于评价 GWR 模型是否比 OLS 模型更好地模拟数据[128]。

其简单形式表示为：

$$AIC = 2n\ln(\tilde{\sigma}) + n\ln(2\pi) + n + tr(s) \tag{7-13}$$

本书选用 AIC 方法进行地理加权回归分析的研究。

7.2.2 指标及数据来源

1. 人均 GDP：

经济发展水平较高，则对应有较高的财政收入，可以促使政府有足够的经费去发展义务教育，因此选用人均 GDP 衡量经济发展水平。

2. 城镇化率（CZHL）：

我国义务教育，特别是优质教育资源供给，主要集中于城市和县镇，各地区城镇化水平的差距可能导致义务教育服务水平的差距。所以采用城镇化率指标作为解释指标，且城市比农村更重视教育，所以城镇化率越高，相应的生均经费也应越高。具体的计算公式为：

$$城镇化率_i = \frac{i\text{省城市人口数}}{i\text{省城市人口数} + i\text{省农村人口数}} \quad (7-14)$$

其中 i 代表不同的省份，$i = 1,2,\cdots,30$ 。

3. 政府竞争（ZFJZ）：

在我国以 GDP 增长为核心的政府晋升激励机制下，对经济增长的追求是各地政府工作的重点，不断发展本地经济是政府的首要任务。各地政府对资本这一流动性较强的稀缺要素有着近乎本能的强烈兴趣，而外商直接投资为各地的经济发展带来了先进的管理技术，并且能产生巨大的经济效益，显著带动了地区增长，所以各地政府为了加快经济的不断增长，会为吸引外商直接投资展开激烈的竞争。相对于义务教育投入来说，基建投入可以在短时间内取得效果，各地政府为了立竿见影地吸引外商直接投资，会更加注重基础设施投入，而且会在税收、土地以及其余相关政策上进行支持。在政府有限的财力、物力基础上，政府支出会从公共服务更多地转向基础设施建设等生产性投入上，从而直接减少了对义务教育的支出。本书采用各省外商直接投资占全国外商直接投资的比重来衡量各地政府的竞争程度，并定义为政府竞争度。政府竞争度的计算公式如下：

$$ZFJZ_{i,t} = \frac{i\text{省}t\text{年的外商直接投资额}}{t\text{年全国外商直接投资总额}} \quad (7-15)$$

其中：$ZFJZ_{i,t}$ 表示 i 省 t 年的政府竞争度。$t = 2007,2008,\cdots,2019$

新《义务教育法》的颁布实施是从 2007 年开始，要求政府投入大量的资金促使义务教育发展，所以本节研究从 2007 年开始。数据来源于《中国教育经费执行情况统计公告》《中国统计年鉴》《中国财政年鉴》以及国家统计局网站。

7.2.3 实证研究

1. 城镇化对义务教育经费的影响研究

根据式（7-1）介绍的地理加权回归模型分析城镇化率对生均经费的影响，使用该方法进行回归分析时，对每个省份的每个年份都进行回归分析，讨论30个省份13年的数据①，共有390个回归结果。本章更多地关注城镇化对生均经费的影响是正向影响还是负向影响，即城镇化促进义务教育发展还是抑制义务教育发展。如果城镇化的回归系数值为正，意味着城镇化对生均经费影响是正向，即城镇化促进了义务教育发展，如果城镇化的回归系数值为负，则认为城镇化抑制了义务教育发展。至于多大程度促进或是抑制，本书不做具体的讨论。在此将正向影响标注为1，负向影响标注为0。

总体来说，城镇化对生均经费呈现出正向影响，在观测的390个数据中，325个回归系数值为正值，占到了系数的83.33%，这说明城镇化在整体上促进了义务教育经费的增长，减少了义务教育的差距。

下面进行具体的分析。

（1）不同年份城镇化的影响。不同年份城镇化率对生均经费的影响，结果见表7-7。

表7-7　不同年份城镇化率影响

年份	回归系数值为正的个数	年份	回归系数值为正的个数
2007	30	2014	21
2008	23	2015	22
2009	23	2016	22
2010	30	2017	25
2011	30	2018	26
2012	22	2019	30
2013	21		

① 西藏由于数据的缺失，不做讨论。

从该表看出，2007 年、2010 年、2011 年、2019 年 4 个年度的城镇化率对生均经费的影响均为正值，说明各省城镇化水平的提高，显著促进了义务教育的发展，促进了义务教育经费的提高。2007 年，我国实行了新《义务教育法》，要求各省务必重视对义务教育经费的投入，在一定程度上也促进了义务教育经费的增长。而其余年份，即使是 2013 年和 2014 年，城镇化率的影响也有 21 个省份为正值，说明整体来说城镇化率是促进义务教育经费发展的，可以在一定程度上不断缩小各省城乡之间的差距。

（2）不同省份城镇化率对生均经费的影响。从表 7－8 我们可以看出，有 18 个省份 18 年的城镇化回归系数均为正值，说明这 18 个省份的城镇化促进了义务教育的发展，应该对减缓省内义务教育差距起到了一定的作用。陕西、甘肃、宁夏这 3 个省份有 11 年城镇化回归系数为正，说明城镇化的发展整体上促进义务教育经费的发展，对促进义务教育经费增长起着正向作用。而广西、海南、重庆、四川、云南、青海、新疆这几个省份的城镇化系数几乎一半为正，一半为负。说明城镇化对这几个省份的影响不全为正，有些省份促进了义务教育经费的发展，有些省份没有促进义务教育经费的发展。从地域来看，东部地区山区较少，而且经济发达，东部地区和中部地区的城镇化有利于促进了义务教育的发展；而西部地区由于山区较多，相对的教学点和小规模学校较多，经济较为落后，城镇化对义务教育经费发展的促进作用不很明显，需要更多地发展经济以及政府不断地重视对教育的投入来促进义务教育经费的发展。该结论也可以从侧面反映出长期的城乡二元结构对义务教育经费的影响是较为明显的。城镇化的不断推进，促进了义务教育的发展，城镇化率越高，生均经费也越高，这意味着政府对城镇的投入往往要高于农村，从而导致了城乡之间的差距。本书第 4 章也得出了该结论。

2. 控制变量对生均经费的影响。

（1）人均 GDP 对生均经费的影响几乎都是正向的，即经济的发展促进了义务教育发展。在 390 个样本中，有 323 个数据是正相关，这和我们的假设是相符的，即经济增长会促进义务教育的发展；经济增长，相应的

表 7 –8　　各省系数为正统计表

省份	回归系数值为正的年份个数	省份	回归系数值为正的年份个数	省份	回归系数值为正的年份个数
北京	13	浙江	13	海南	6
天津	13	安徽	13	重庆	6
河北	13	福建	13	四川	6
山西	13	江西	13	贵州	5
内蒙古	13	山东	13	云南	7
辽宁	13	河南	13	陕西	11
吉林	13	湖北	13	甘肃	11
黑龙江	13	湖南	13	青海	8
上海	13	广东	9	宁夏	11
江苏	13	广西	6	新疆	5

财政收入就会增长，就会促进政府对义务教育的投入。但是从各个省的角度来看，我们发现一个很有意思的现象，上海、浙江、福建、广东这几个经济发达省份，人均 GDP 增长速度较快，但是这几个省份有几年人均 GDP 对生均经费是负影响，即经济增长没有促进义务教育经费的发展，可能是这几个省份将财政收入用于其他地方的支出，尤其是广东、上海。这也从侧面论证了第 4 章中上海城乡差距较大，第 6 章中广东综合评价分较低的结论。2019 年只有极个别省份的人均 GDP 的回归系数值为正，可能的原因是政府将有限的收入投放到了教育之外的其他方面。

表 7 –9　　经济增长对义务教育的影响

年份	回归系数值为正的个数	年份	回归系数值为正的个数
2007	30	2014	29
2008	29	2015	27
2009	30	2016	21
2010	30	2017	20
2011	30	2018	14
2012	29	2019	6
2013	28		

（2）政府竞争对生均经费的影响，总体来看，30 个省份共有 390 个数据，其中有 50 个数据呈现出正相关，即政府竞争促进了义务教育的发展；340 个数据呈现出负相关，即政府竞争抑制了义务教育的发展。总体来说，政府为了追求外商直接投资，会在税收、土地以及其余相关政策上进行支持，在各地政府财政收入一定的前提下，为了吸引外商直接投资，势必会直接减少对义务教育的投入。

表 7－10　　政府竞争对义务教育的影响

年份	系数为正的个数	年份	系数为正的个数
2007	8	2014	4
2008	2	2015	7
2009	1	2016	11
2010	0	2017	6
2011	0	2018	5
2012	2	2019	1
2013	3		

7.2.4　小结

本节使用空间地理加权回归模型研究城镇化对生均经费的影响，得出如下结论：

1. 城镇化水平的提高能够有效地促进生均经费的增长，这对我国提高义务教育均衡、减少城乡差异提供了一个可行的解决思路。经济增长能有效促进义务教育的发展。

2. 各地政府需要平衡经济发展与教育发展的关系，不能顾此失彼，应该在平衡中不断促进义务教育的发展，不断推动城乡一体化，减少义务教育内部差距。

7.3　小结

本部分主要研究宏观政策对义务教育发展的影响。首先使用断点回归模型研究《义务教育法》的颁布实施对义务教育经费的影响，然后使用地理加权回归模型分析城镇化政策对义务教育经费的影响，得出以下结论：

1. 新《义务教育法》对义务教育经费增长具有显著促进作用，其对初中教育经费的促进作用大于小学；进行有效性检验、带宽检验和安慰剂检验来验证模型的稳健性，结论为断点回归模型稳健，具有统计上的可靠性，说明新《义务教育法》的实施确实促进了义务教育的发展。

2. 城镇化的推进显著促进了义务教育的发展，对减少义务教育城乡差距起到了一定的积极作用，经济发展也显著促进了义务教育的发展。但各地政府在寻求经济发展的过程中，将一定的财力投入到争取投资上，有限的财政支出又对义务教育的发展产生了明显的抑制作用。这就需要各级政府在追求经济发展的同时，注意平衡经济发展与民生公共服务之间的关系，在我国目前双循环、新型城镇化的背景下，更多地通过内循环的方式促进当地的经济发展，从而促进当地的义务教育发展。

7.3 小结

第 8 章

义务教育发展中政府作用

以上各章从不同角度对义务教育的各类差距进行分析，并从省级层面对义务教育的影响因素进行综合评价，然后分析政策对义务教育的影响。我国现阶段义务教育的财政保障主要由各省地方政府承担，地方政府是义务教育发展的首要责任人，对确保义务教育学校的财、人、物的合理分配起到很大的作用，义务教育的发展规划对各个学校、各个区域的义务教育优质发展又起到很大引导作用，单个普通的义务教育学校无法进行教育经费的控制和投入[129]。前几章所讨论的各种资源配置、教育经费的差距是教育资源配置不均衡的主要表现，也是引起教育不均衡的主要原因，政府对该原因负有主要责任，所以应单独研究量化政府对义务教育优质发展的作用，但现有的研究成果都没有涉及对政府重视度的单独量化。

本章将研究如何构建政府对义务教育重视程度的评价指标体系，并研究如何对该评价体系进行权重赋予，并对具体的评价指标体系进行应用。该评价指标体系在目前的义务教育评价体系中尚属首创，本章丰富了义务教育差距量化研究的内容。

8.1　政府评价指标体系的构建

1. 构建评价指标应遵循的原则。

要想构建政府对义务教育发展重视程度的评价指标体系，首先需要了解构建评价指标体系应该遵循的原则，本书将遵从以下几个原则构建政府重视程度评价指标体系。

（1）科学性原则：以教育学及与教育相关的政策、法规为依据，以义务教育优质发展为出发点和立足点，以信息最大化为指标选取准则，建立科学的评价指标体系。该指标体系应层次清晰，符合客观实际，并且还要考虑数据的可获得性。

（2）全面性原则：指该指标体系的建立要能够全面地反映政府对义务

教育重视程度的各个方面，以及政府及其主管的教育部门在义务教育方面所起的积极作用，能够对政府对义务教育的重视程度有一个全面的、系统的、整体的认识。

（3）多维度原则：指要从不同的角度进行指标体系的设计，在指标的设计中，既要考虑物的因素，也要考虑人的因素，既要考虑过程，也要考虑结果。

2. 构建评价指标体系要实现的功能。

构建政府重视程度评价指标体系要实现的功能指通过对指标体系中的指标赋予符合客观事实或客观规律的含义，并进行合理应用使其发挥出来的效能。不同的功能定位对应不同的指标体系。评价指标作为一种具体化、现象化的评价准则，是一定时期人们价值观念的反映，体现着人们对教育活动的价值认识。从某种意义上说，评价指标是对教育评价对象的一种价值构建[130]。政府重视程度评价指标体系要实现以下功能。

（1）描述功能。该功能指该评价指标体系除了能够对政府重视程度相关的重要因素进行描述，还能对义务教育的评价主体进行聚焦，通过该评价体系，能够对评价主体有一个整体的认识。

（2）分析功能。通过该评价指标的运用，能够对评价主体的实际情况进行正确的评估，并且能够分析问题出现的原因。

（3）改进与预测功能。通过对出现问题的改进，能够使评价主体向良性方面运转，并且能够通过该指标体系，对未来的发展趋势进行预测。

3. 使用方法介绍。

本章主要是构建义务教育发展中政府重视度评价指标体系，在指标体系的构建中，采用了以下的方法。

（1）文献资料法，指对相关文献资料进行整理分析。由于国内尚未有相关的评价指标体系进行借鉴，所以本书对各种与政府重视程度的文献进行梳理，并借鉴了义务教育优质发展中各种评价指标体系和各种评价方法，对这些方法进行综合分析，初步形成适合义务教育优质发展的政府重视程度评价指标体系。

（2）德尔菲法，也叫专家评议法、函询调查法，是将提出的问题和必要的背景材料用面谈或函询的方式向有经验的专家提出，然后把他们答复的意见进行综合，再反馈给他们，如此反复多次，直到形成一致的意见为止。在本研究中，根据初步形成的政府重视程度评价指标体系，集中运用专家的智慧，通过几轮专家对政府重视程度评价指标体系的分析，最终形成政府重视程度评价指标体系。

（3）层次分析法和模糊综合评判法。层次分析法是一种定性和定量相结合的、系统化、层次化的分析方法，适用于多目标权重的分配。本项目使用该方法量化政府对义务教育优质发展重视程度的评价指系中各个指标的权重。具体做法是首先聘请相关人员15人，对各指标重要性进行打分，并利用统计学的分析方法，形成最终的评价指标权重。模糊综合评价法是一种基于模糊数学的综合评价方法，该方法通过模糊数学的隶属度理论把定性评价转化为定量评价，即用模糊数学对受到多种因素制约的事物或对象做出一个总体评价，本项目用它来判断某个县级政府对义务教育的重视度。

8.2 指标体系的构建

1. 评价指标体系的构建。

根据相关参考文献，结合实际构建如下评价指标体系，以此来量化政府对义务教育的重视程度，构建的评价指标体系见表8-1。

发展规划是对政府最基本的要求。作为义务教育责任最基本的承担者，需要对义务教育优质发展整体有正确的发展规划。同时义务教育优质发展不仅仅是教育部门的事情，还涉及县级政府以及与教育相关部门的职责，所以在发展规划中还应该构建二级指标，该二级指标具体包括县级政府以及相关部门对义务教育的发展规划和当地教育部门对义务教育的发展规划。

表 8－1　　政府对义务教育均衡发展重视度评价指标体系

发展规划 A1	县级政府 B1	县级政府制定义务教育均衡发展规划，问题具体，目标明确，措施得力，责任落实 C1
		其余职能部门职责分工明确，统筹指导，密切配合，落实有力 C2
	当地教育部门 B2	教育督导部门将促进义务教育均衡发展作为主要职责和任务 C3
		将当地优质普通高中学校招生指标按规定比例分配到所有义务教育初中学校 C4
		监测差异，从教育督导部门对教育质量的监测结果中分析区域内学校间的差异系数 C5
经费保障 A2	经费分配 B3	经费预算向农村学校和城镇薄弱学校倾斜 C6
		城市教育附加费主要用于义务教育 C7
		教育财政转移支付资金主要用于义务教育 C8
	经费落实 B4	有效减少义务教育城乡经费差异 C9
		制定稳定教师队伍的有关政策，在绩效工资中提高农村教师工资待遇 C10
		设立义务教育阶段教师培训专项费用 C11

义务教育作为地方政府提供的公共产品，各学校能否达到义务教育优质发展，更多的是依赖于政府财政体制。经费保障属于政府部门所属范围，对于普通的学校，只能是既定经费的接受者，所以将经费保障作为量化政府的职责之一。只有政府合理地安排经费，才能确保义务教育的优质发展。本书将经费保障又分为经费分配和经费落实两个二级指标进行衡量。

2. 评价指标体系的统计分析。

（1）层次分析法。本部分使用层次分析法对各个指标进行权重赋予。层次分析法（Analytic Hierarchy Process，简称 AHP）是 20 世纪 70 年代由美国数学家 A. L. Saaty 提出的一种系统分析方法，适用于结构较为复杂、决策准则较多且不易量化的决策问题。层次分析法本质上是一种决策思维方式，它把一个复杂的问题按其主次或支配关系分组而形成有序的递阶层次结构。层次分析是通过每个专家对两两指标比较判断的方式，来确定每一层次的因素对其相应的子目标相对重要性排序，然后在递阶层次结构内进行合成，以得到每位专家对决策因素相对于总目标重要性的总排序。当有多位专家共同参与评判时，将得到多个评判结果。

下面介绍具体应用，本研究先将问卷发放给 15 位专家，并由 15 位专家根据实际情况利用表 8－2 对指标的重要性进行打分：

表 8－2　　层次分析法判断矩阵

x_i/x_j	相等	较强	强	很强	绝对强
a_{ij}	1	2	3	4	5

为精确起见，打分时以整数 1、2、3、4、5 为主要等级，同时以 1/2、3/2、5/2、7/2、9/2 作为各主要等级的折中选择。

本章研究总计发放 15 份问卷，最终收回 15 份问卷，将问卷调查结果进行分析，由于有 5 名专家的问卷调查未通过一致性检验，收回的有效问卷是 10 份，对这 10 份问卷分别进行判断矩阵分析，建立各层次的判断矩阵，分别求出各个判断矩阵的最大特征值 λ_{max} 和特征向量 W，将每位专家的结果求解简单的算数平均数得到了最终的特征向量。该特征向量就是求解的每个分指标对应的权重。

（2）具体计算。按照层层递进的原则计算最终的权重矩阵，具体的计算结果如下①：

$S \rightarrow (A_1, A_2)$ 层次判断矩阵、最大特征值和对应的特征向量：

	A1	A2
A1	1	3
A2	1/3	1

$W_1 = (0.75, 0.25)$　$\lambda_1 = 2$

$A_1 \rightarrow (B_1, B_2)$ 层次判断矩阵、最大特征值和对应的特征向量：

① 由于篇幅原因，本章仅罗列一个专家的打分标准，并根据该专家的打分标准计算最终权重。

	B1	B2
B1	1	1
B2	1	1

$W_2 = (0.5, 0.5) \quad \lambda_2 = 2$

$A_2 \rightarrow (B_3, B_4)$ 层次判断矩阵、最大特征值和对应的特征向量：

	B1	B2
B3	1	1
B4	1	1

$W_3 = (0.5, 0.5) \quad \lambda_3 = 2$

$B_1 \rightarrow (C_1, C_2)$ 层次判断矩阵、最大特征值和对应的特征向量：

	C1	C2
C1	1	1
C2	1	1

$W_4 = (0.5, 0.5) \quad \lambda_4 = 2$

$B_2 \rightarrow (C_3, C_4, C_5)$ 层次判断矩阵、最大特征值和对应的特征向量：

	C3	C4	C5
C3	1	2	1
C4	1/2	1	1/2
C5	1	2	1

$W_5 = (0.4, 0.2, 0.4) \quad \lambda_5 = 3$

$B_3 \rightarrow (C_6, C_7, C_8)$ 层次判断矩阵、最大特征值和对应的特征向量：

	C6	C7	C8
C6	1	2	2
C7	1/2	1	1
C8	1/2	1	1

$W_6 = (0.5, 0.25, 0.25) \quad \lambda_6 = 3$

$B_4 \rightarrow (C_9, C_{10}, C_{11})$ 层次判断矩阵、最大特征值和对应的特征向量：

	C9	C10	C11
C9	1	1/2	2
C10	2	1	2
C11	1/2	1/2	1

$W_7 = (0.3108, 0.4934, 0.1958)$　$\lambda_7 = 3.0536$

通过上述方法得到了对政府重视度评价指标体系中的各个评价指标所对应的特征值和特征向量。

（3）层次单排序及其一致性检验。根据上述的结果对每个判断矩阵进行一致性检验，通过检验的，说明该数据可以使用，不能通过检验的，说明打分人在各个层次重要性的判断上存在着一定的思维混乱，不能进行后面的分析。

对每一个判断矩阵进行一致性检验，令 $CI = \frac{\lambda_{max} - n}{n - 1}$（$CI$ 是衡量一致性的数量指标，称为一致性指标）；$RI = \frac{\lambda'_{max} - n}{n - 1}$（$RI$ 是平均随机一致性指标）。RI 的值从表 8－3 获得（n 为矩阵阶数）：

表 8－3　　RI 值的具体数据

n	1	2	3	4	5	6	7	8	9
RI	0	0	0.58	0.90	1.12	1.24	1.32	1.41	1.45

令 $CR = \frac{CI}{RI}$，则 CR 称为随机一致性比率。当 $CR < 0.10$ 时，认为判断矩阵具有满意的一致性，否则就必须重新调整判断矩阵，直至具有满意的一致性。

以下将上述求得的特征向量标准化，并作一致性检验。

$S \rightarrow (A_1, A_2)$ 的 $CI = 0$，$CR = 0$　$CR < 0.1$，通过一致性检验

$A_1 \rightarrow (B_1, B_2)$ 的 $CI = 0$，$CR = 0$　$CR < 0.1$，通过一致性检验

$A_2 \rightarrow (B_3, B_4)$ 的 $CI=0$，$CR=0$　$CR<0.1$，通过一致性检验

$B_1 \rightarrow (C_1, C_2)$ 的 $CI=0$，$CR=0$　$CR<0.1$，通过一致性检验

$B_2 \rightarrow (C_3, C_4, C_5)$ 的 $CI=0$，$CR=0$　$CR<0.1$，通过一致性检验

$B_3 \rightarrow (C_6, C_7, C_8)$ 的 $CI=0$，$CR=0$　$CR<0.1$，通过一致性检验

$B_4 \rightarrow (C_9, C_{10}, C_{11})$ 的 $CI=0.0268$，$CR=0.0516$　$CR<0.1$，通过一致性检验。

通过以上分析，可以看出，所有的特征向量都通过一致性检验，可以进行后续的分析。

（4）指标对应权重值的计算。通过总排序一致性检验指标，就可以计算各个指标对应的权重。在计算对应权重时，先计算一级指标对应的权重，然后计算二级指标对应的权重，最后计算三级指标对应的权重。

层次总排序由最高层到最低层逐层进行，对于没有影响的权值记为零。下面对政府教育程度的各个三级指标分别计算各自对应的权重。

首先确定根据层次分析法计算的（A_1, A_2）对应的权重为：

$(A_1, A_2) = (0.75, 0.25)$

再计算（$B_1, B_2, \cdots, B_{10}$）的各个权重，计算公式如下：

$$(A_1, A_2)_{1*2} \times \begin{pmatrix} B_1 & B_2 & 0 & 0 \\ 0 & 0 & B_3 & B_4 \end{pmatrix}_{2*4} = (0.75, 0.25) \times \begin{pmatrix} 0.5 & 0.5 & 0 & 0 \\ 0 & 0 & 0.5 & 0.5 \end{pmatrix}$$

对应算出（$B_1, B_2, \cdots B_4$）的权重为：（0.375，0.375，0.125，0.125）

接下来计算三级权重，计算结果如下：

$$(B_1, B_2, B_3, B_4)_{1*4} \times \begin{pmatrix} C_1 & C_2 & 0 & 0 & 0 & 0 & 0 & 0 & 0 & 0 & 0 \\ 0 & 0 & C_3 & C_4 & C_5 & 0 & 0 & 0 & 0 & 0 & 0 \\ 0 & 0 & 0 & 0 & 0 & C_6 & C_7 & C_8 & 0 & 0 & 0 \\ 0 & 0 & 0 & 0 & 0 & 0 & 0 & 0 & C_9 & C_{10} & C_{11} \end{pmatrix}_{4*11} =$$

（0.1875　0.1875　0.15　0.075　0.15　0.125　0.0625　0.03125　0.03125　0.03885　0.061675　0.024475）以此得出政府对义务教育重视

程度的各指标的得分①，如表8-4所示：

表8-4　　对政府重视度评价指标体系的最终结果

发展规划 A1 625	县级政府 B1 375	C1 县级政府制定义务教育优质发展规划，问题具体，目标明确，措施得力，责任落实 187.5
		C2 其余职能部门职责分工明确，统筹指导，密切配合，落实有力 187.5
	当地教育部门 B2 375	C3 教育督导部门将促进义务教育均衡发展作为主要职责和任务 150
		C4 将当地优质普通高中学校招生指标按规定比例分配到所有义务教育初中学校 75
		C5 监测差异，从教育督导部门对教育质量的监测结果中分析区域内学校间的差异系数 150
经费保障 A2 375	经费分配 B3 125	C6 经费预算向农村学校和城镇薄弱学校倾斜 62.5
		C7 城市教育附加费主要用于义务教育 31.25
		C8 教育财政转移支付资金主要用于义务教育 31.25
	经费落实 B4 125	C9 有效减少义务教育城乡经费差异 38.85
		C10 制定稳定教师队伍的有关政策，在绩效工资中提高农村教师工资待遇 61.675
		C11 设立义务教育阶段教师培训专项费用 24.475

在对政府的评价中，发展规划项比重较大，权重远远大于经费保障，可以看出督导人员认为只有政府很好地对义务教育优质发展进行规划，才能更好地实现义务教育优质发展。这和我们的观点也较为一致，只有制定良好的政策，才能促进义务教育优质发展。

8.3　评价指标体系的具体应用

1. 政府对义务教育重视程度的评价。

建立评价指标体系最终目的是对县级政府对义务教育的重视程度进行评价。在测算了各个指标体系的权重后，选取某个具体县级政府进行评

① 在进行最终结果的计算时，为了更好的测评量化，对所有的结果都乘以1000。

价，具体采用模糊综合评判方法。

模糊综合评判，亦称模糊综合决策，是一种综合决策方法，指对各种因素及它们与各种决策方案之间的关系进行综合考虑后，做出优化判决的一种数学方法。

具体的介绍如下：一个模糊综合评判模型包括因素集 $X = \{x_i, 1 \leqslant i \leqslant n\}$ ，决策集 $Y = \{y_j, 1 \leqslant j \leqslant m\}$ 以及 $X \rightarrow Y$ 的模糊关系, $R = \{r_{i,j}; 1 \leqslant i \leqslant n, 1 \leqslant j \leqslant m\}$ ，如果 $a = (a_1, a_2, \cdots, a_n)$ 为 X 上的模糊向量，通过 a 与 R 的复合运算，得到 Y 上的模糊向量 $b = (b_1, b_2, \cdots b_m)$ 。评语集是评判者对评判对象的各种评判结果的集合，是对单因素和多因素性能的评价。结合我们所研究的对象，将我们的评判集分为优、良、中、差四个等级, $V = \{v_1, v_2, v_3, v_4\}$ 中 v_1 对应的是优等级, v_2 对应的是良等级, v_3 对应的是中等级，而 v_4 对应的是差等级，评价等级的赋分由专家结合本项目的研究对象进行赋值。

对于评语集的构建，有两种方法处理：第一种方法采用人为赋值的方法得到评语集，称为人为赋值法。第二种方法是聘请专家对各个级别的分值进行量化，提前划分好优、良、中、差四个级别分别对应的数值，再请专家对某县域政府各个指标的具体情况进行打分，然后根据结果对该政府进行总体评判。

下面使用成本效益法选取某个具体的县，利用构建的政府重视度评价指标体系对该县的义务教育重视程度进行评价。

首先请专家对评价指标的变化范围进行赋值，专家认为 200 分及以上为优，180—200 分为良，160—180 分为中，140 分及以下为差（见表 8－5）。

表 8－5　　义务教育政府重视度评分标准

指标	优	良	中	差
C1 县级政府制定义务教育均衡发展规划，问题具体，目标明确，措施得力，责任落实	200	180	160	140
C2 其余职能部门职责分工明确，统筹指导，密切配合，落实有力	200	180	160	140
C3 教育督导部门将促进义务教育均衡发展作为主要职责和任务	200	180	160	140

续表

指标	优	良	中	差
C4 将当地优质普通高中学校招生指标按规定比例分配到所有义务教育初中学校	200	180	160	140
C5 监测差异，从教育督导部门对教育质量的监测结果中分析区域内学校间的差异	200	180	160	140
C6 经费预算向农村学校和城镇薄弱学校倾斜	200	180	160	140
C7 城市教育附加费主要用于义务教育	200	180	160	140
C8 教育财政转移支付资金主要用于义务教育	200	180	160	140
C9 有效减少义务教育城乡经费差异	200	180	160	140
C10 制定稳定教师队伍的有关政策，在绩效工资中提高农村教师工资待遇	200	180	160	140
C11 设立义务教育阶段教师培训专项费用	200	180	160	140

其次根据专家对各个义务教育县级政府的打分来确定各等级在总等级中所占的比重，具体计算公式为：

在差等级的比重：

$$U_{差} = \begin{cases} 1 & x \leqslant 140 \\ \dfrac{160 - x}{160 - 140} & 140 < x < 160 \\ 0 & 其他 \end{cases} \tag{8-1}$$

在中等级的比重：

$$U_{中} = \begin{cases} 1 & x = 160 \\ \dfrac{180 - x}{180 - 160} & 160 < x < 180 \\ \dfrac{x - 140}{160 - 140} & 140 < x < 160 \\ 0 & 其他 \end{cases} \tag{8-2}$$

在良等级的比重：

$$U_{良}=\begin{cases}1 & x=180\\ \dfrac{200-x}{200-180} & 180<x<200\\ \dfrac{x-160}{180-160} & 160<x<180\\ 0 & 其他\end{cases} \tag{8-3}$$

在优等级的比重：

$$U_{优}=\begin{cases}1 & x=200\\ \dfrac{x-180}{200-180} & 180<x<200\\ 0 & 其他\end{cases} \tag{8-4}$$

2. 具体应用。

请专家对某个义务教育县级政府重视程度进行打分，具体的评分表如表8-6所示。

表8-6　　　　评　分　表

指标	C1	C2	C3	C4	C5	C6	C7	C8	C9	C10	C11
得分	145	120	160	150	130	145	150	180	170	165	155

根据上述的计算方法进行具体计算，首先根据效益函数分析各个二级指标的模糊判断矩阵。

(C_1,C_2) 根据上述计算公式得到的模糊判断矩阵为：

$$R_1=\begin{pmatrix}0 & 0 & 0.25 & 0.75\\ 0 & 0 & 0 & 1\end{pmatrix}$$

层次分析法中得出的对应于：

$$(C_1,C_2)=(0.5\ \ 0.5)$$

则对应的县级政府的综合评判结果为：

$$E_1=B_1\times R_1=(0.5\ \ 0.5)\begin{pmatrix}0 & 0 & 0.25 & 0.75\\ 0 & 0 & 0 & 1\end{pmatrix}=(0\ \ 0\ \ 0.125\ \ 0.875)$$

根据隶属度最高的原则，该县级政府在义务教育发展规划方面的综合评判结果为差。

根据上面的计算方法，分别计算义务教育管理部门在义务教育发展规划的模糊判断矩阵为：

$$R_2 = \begin{bmatrix} 0 & 0 & 1 & 0 \\ 0 & 0 & 0.5 & 0.5 \\ 0 & 0 & 0 & 1 \end{bmatrix}$$

义务教育管理部门的权重为（C_3, C_4, C_5）的权重为 $B_2 = (0.4\ 0.2\ 0.4)$，则义务教育管理部门在义务教育发展规划的综合评判结果为：

$$E_2 = B_2 \times R_2 = (0.4\ 0.2\ 0.4)\begin{pmatrix} 0 & 0 & 1 & 0 \\ 0 & 0 & 0.5 & 0.5 \\ 0 & 0 & 0 & 1 \end{pmatrix} = (0\ 0\ 0.5\ 0.5)$$

根据隶属度最大的原则，该县义务教育管理部门在义务教育发展规划的综合评价结果为介于良和差之间。

$$F_1 = (0.5\ 0.5) \times \begin{pmatrix} 0 & 0 & 0.125 & 0.875 \\ 0 & 0 & 0.5 & 0.5 \end{pmatrix} = (0\ 0\ 0.3125\ 0.6875)$$

对义务教育经费分配进行综合评判：

$$E_3 = B_3 \times R_3 = (0.5\ 0.25\ 0.25)\begin{pmatrix} 0 & 0 & 0.25 & 0.75 \\ 0 & 0 & 0.5 & 0.5 \\ 0 & 1 & 0 & 0 \end{pmatrix} = (0\ 0.25\ 0.25\ 0.5)$$

对义务教育经费结果进行综合评判得到该县在义务教育经费分配的综合评价结果为差。

对经费落实进行综合评判：

$$E_4 = B_4 \times R_4 = (0.3108\ 0.4934\ 0.1958)\begin{pmatrix} 0 & 0.5 & 0.5 & 0 \\ 0 & 0.25 & 0.75 & 0 \\ 0 & 0 & 0.75 & 0.25 \end{pmatrix} =$$

$$(0\ 0.27875\ 0.6723\ 0.04895)$$

对政府的情况进行综合评判，计算过程为：

$$F_1 = (0.5\ 0.5) \times \begin{pmatrix} 0 & 0 & 0.125 & 0.875 \\ 0 & 0 & 0.5 & 0.5 \end{pmatrix} = (0\ 0\ 0.3125\ 0.6875)$$

$$F_2 = (0.5\ \ 0.5) \times \begin{pmatrix} 0 & 0.25 & 0.25 & 0.5 \\ 0 & 0.27875 & 0.6723 & 0.04895 \end{pmatrix} = (0\ \ 0.2644\ \ 0.4612\ \ 0.2744)$$

$$G_1 = (0.75\ \ 0.25) \times \begin{pmatrix} 0 & 0 & 0.3125 & 0.6875 \\ 0 & 0.2644 & 0.4612 & 0.2744 \end{pmatrix} = (0\ \ 0.0661\ \ 0.3497\ \ 0.5842)$$

综合评价，该县级政府在义务教育均衡发展方面的重视度评价结果为差，没有起到很好的促进义务教育均衡发展应起的作用，该县级政府应该加强对义务教育的重视程度，不断提升该县的义务教育均衡水平。

8.4 小结

本章主要对义务教育政府重视程度进行评价，具体做法是首先构建评价指标体系，然后通过层次分析法对各个指标赋予权重，最后利用模糊综合评判法对某个县级政府的重视程度进行具体的评判。该指标体系的构建和该方法的应用，可以帮助评价政府对义务教育的重视程度，从政府评价角度完善了义务教育评级体系。

第 9 章

政策建议与研究展望

9.1 政策建议

我国各省之间存在经济发展差异、文化差异，要想实现义务教育均衡发展，消除省际、区际、城乡之间以及校际之间的差异不是一朝一夕的事情，在短时间内是很难实现。我们既要看到问题的复杂性，又要看到在党和政府的努力下，实现义务教育优质均衡发展的光明性。为了更快实现义务教育优质均衡发展，本书结合各章的结论，分几个层面提出相应的政策建议。

9.1.1 各级政府层面上的政策建议

1. 确保义务教育经费的三个增长。

《中华人民共和国教育法》明确规定各级政府教育财政拨款的增长应高于财政经常性收入的增长。但从第6章的分析中可以看出，这项规定在小学义务教育投入方面只有少数省份做到了义务教育经费的“三个增长”。所以国家应该明确目标落实机制，以保障义务教育的投入机制不低于财政收入的增长机制，并建立问责机制，对没有达到要求或是数据做假的地区，实行一把手问责制，以此来确保义务教育的投入。

2. 完善各级政府的经费负担。

省级政府应将缩小省内县际的义务教育经费差异作为进行经费拨付的首要原则，从各省内部的实际情况出发，有针对性地进行财政支付，确保实现义务教育优质发展。各县级政府作为义务教育经费的主要承担者，对缩小本县域内的义务教育校际差异有着不可推卸的责任，应该根据理想值的测算结果，进行短板弥补，为尽早实现义务教育优质均衡县而努力。

3. 建立规范的专项转移支付制度。

义务教育的专项转移支付制度指国家结合各地的经济发展、在校学生数以及地域差距等实际情况，实施有目的、有差别的财政转移支付。为了保证财政转移支付的支出效率最大化，应该根据各地的实际情况，测算出当地的实际需求，按照补缺口原则进行补偿，不再按照“一刀切”的原则进行补偿，这样可以有效地避免地方政府的财政不作为行为。

4. 拓宽经费筹措渠道。

本书讨论的是预算内生均教育事业费的相关问题，而我国的义务教育经费筹措机制除了财政拨款外，还有一部分来自于社会资金，这就需要各省政府不断加大对义务教育经费的社会筹措力度，建立教育捐助机制，对于实际捐助的慈善机构、社会公益事业组织，可以从税收上给予他们一定的优惠，以激励他们实施资助捐学的行为。

9.1.2 缩小城乡差距的政策建议

城乡之间的差距更多地体现在师资方面的差异和硬件设施配置上的差异，根据第 4 章的分析，提出以下建议：

（1）应促进农村经济的不断发展，提高农村自身的竞争力。以建设美丽乡村为基本出发点，促进农村经济不断发展，提升农村自身的竞争力，这对于吸引优秀教师扎根农村具有很大的影响力。农村自身经济发展水平提升了，才会不断加大对农村学校的投入，从而逐渐形成一种良性循环。

（2）不断提升农村教师的薪资待遇，保证农村教师的工资水平高于当地同等待遇公务员的实际工资水平，不断完善农村教师的社会保障、医疗体制，并且建立教师工资长效增长机制，对于农村教师实施多种补贴方式，也可以采用养老补贴的方式对农村教师进行激励，以使优秀教师能够下得去，留下来[130]。

（3）对新考入教师岗位的大学生，规定他们在基层的服务年限，在服务年限期间，不得以任何理由调离该工作岗位。国家也应该加强农村现有教师的培训。教师应不断提升自身的发展空间，提升自身的教学素养和教学水平，提升学历空间和教学技能，不断缩小城乡教师学历和职称之间的差距。对农村教师和城市教师实施不同的考核机制，以充分调动他们的工作积极性。

（4）建立义务教育农村经费保障机制。确保国家提出的保障农村生均公用经费的政策执行，对于不到100人的按照100人执行相应的生均经费，以在一定程度上解决经费短缺问题；加大对农村学校硬件设施的配置，鼓励社会资源对学校的硬件支持，可以采用与农村学校“结对子”的方法，通过社会资源对学校进行图书和其余设施的捐赠来提高农村学校的义务教育配置水平。

（5）进行危房改造。在第4章的分析中，2019年之前，几乎所有省份的农村生均危房面积达标率为0，到2019年，很多省份的危房问题解决了。这是因为国家公布政策要求切实解决农村的基础设施建设，2019年年底是一个节点，所以各省在2019年底解决了该问题。但是仍应继续重视农村的危房校舍问题，做到专款专用，切实保障学生在一个安全的环境中学习。

9.1.3 减少校际差异的政策建议

（1）在相同的县镇或者是乡镇，义务教育的差异更多在于师资力量的差异，可以对义务教育地域紧邻或相邻的学校采用联合办学的方法，将其构建为一个教育集团。由优质学校作为教育集团的主要负责人，在整个集团内部进行人、财、物的分配，这对于教师的流动分配能起到关键的作用。通过联合办学的方法，可以改变弱势学校的教师差异，由优势学校教师带动弱势学校，最终共同提高教学水平，减小校际之间的差异。

（2）取消重点学校、重点学区的建设，加大对普通学校的投入力度，合理安排设置学校区域，取消择校生。对于择校的零容忍，可以在很大程度上改变校际差异。

9.1.4 对政府义务教育规划的建议

（1）各级政府应该重点规划本地区所属义务教育的发展问题，尤其是在现行双减政策下，如何更好地促进义务教育优质发展，减少校际差距，减少择校问题和由此而引发的学区房问题。这就需要政府部门精准规划，不仅要在钱和物上进行规划，还需要在发展目标、发展前景以及如何实现义务教育优质均衡发展上实现规划。对乡镇学校如何实施，对城镇学校如何实施，对农村学校和教学点如何实施规划是政府需要关注的焦点问题。

（2）各级政府的教育部门在制定相关政策时，往往会涉及土地问题、经费问题、人员编制问题等，都需要教育部门和相关部门协商解决，携手制定当地的发展规划。

9.2 研究展望

本书主要研究小学义务教育差异的量化，采用生均预算内教育事业费来量化分析小学义务教育的省际差异、地区差异。又通过构建相应的评价指标体系，采用达标率和理想值的方法量化分析了城乡差异和校际差异。为了尽早实现义务教育均衡发展，再对各省生均经费的影响因素进行综合评价，并且计算了各个评价指标的一阶导数值，来分析增长速度的变化趋势，以此对各省不断提高生均预算内教育事业费提出了相应的政策建议。但是本研究基本上是在宏观方面进行研究，对于微观方面研究不足，今后着力的研究方向应该是以下几个方面：

（1）关于财政转移支付的精准量化研究。该研究的着力点是根据模型测算出各地的义务教育学校实际需要的教育经费值，然后综合测算出当地政府的可能最大承担量，不足部分再由中央财政进行转移支付。这样可以实现义务教育专项转移支付的精准量化，实现义务教育财政转移支付资金效率的最大化。

（2）贫困地区、少数民族地区义务教育差异的精准量化。我国地域宽广，各地区经济发展水平不一致，而且地域环境也不尽相同，所以各地区不能采用“一刀切”的政策，这就需要进行实地调查，对刚脱贫的深度贫困地区和少数民族聚集区，应结合当地经济的实际特点以及地域特点，对义务教育差异进行精准量化。

（3）家庭差异的精准量化。每个受义务教育的学生，由于家庭状况存在差异，需要分析家庭对义务教育选择的影响，这同样也需要进行实地调查，获得精准数据，再进行分析。

除了以上的几个微观方面，还应考虑宏观政策和宏观经济指标对义务教育的影响。各种宏观政策对义务教育必然产生很大影响，诸如经济发展、社会观念的变化以及生育政策的变化都将影响义务教育发展。这也需要进行进一步的研究和探索。

参考文献

[1] 义务教育［EB/OL］. http：//baike. so. com/doc/5397358－5634659. html.

[2] 中共中央关于教育体制改革的决定［EB/OL］. http：//edu. people. com. cn/GB/8216/196960/12122912. html.

[3] 中华人民共和国义务教育法［EB/OL］. http：//www. gov. cn/banshi/2005－05/25/content_920. htm.

[4] 教育公平的中国之路［EB/OL］. http：//www. moe. gov. cn/jyb_xwfb/moe_2082/zl_2019n/2019_zl69/201909/t20190920_399882. html.

[5] 国务院关于深化农村义务教育经费保障机制改革的通知［EB/OL］. http：//www. moe. edu. cn/publicfiles/business/htmlfiles/moe/moe_1615/200708/25629. html.

[6] 中华人民共和国新教育法［EB/OL］. http：//www. edu. cn/jiao_yu_fa_lv_766/20060901/t20060901_194390. shtml.

[7] 国家中长期教育改革和发展规划纲要（2010—2020）［EB/OL］. http：//www. gov. cn/jrzg/2010－07/29/content_1667143. htm.

[8] 中国共产党十八大报告［EB/OL］. http：//news. xinhuanet. com/18cpcnc/2012－11/17/c_113711665. htm.

[9] 国务院关于深入推进义务教育均衡发展的意见［EB/OL］. http：//www. gov. cn/zhuanti/2015－06/13/content_2878998. htm.

[10] 以新的发展理念为引领全面提高教育质量加快推进教育现代化

[EB/OL]. http: //www. shouguang. gov. cn/sgsjyj/ztzl/jyxdh/ywzl/201701/t20170120_4358139. html.

[11] 教育部办公厅关于学习推广青海经验 进一步做好义务教育控辍保学工作的通知 [EB/OL]. http: //www. moe. gov. cn/srcsite/A06/s3321/201811/t20181115_354909. html.

[12] 教育部办公厅关于开展县域义务教育 优质均衡创建工作的通知 [EB/OL]. http: //www. moe. gov. cn/srcsite/A06/s3321/202112/t20211201_583812. html.

[13] 周谊. 法国的教育优先区 [J]. 世界教育信息, 2002 (4): 32 +33.

[14] 李文英, 石景轩. 日本均衡义务教育发展的实现途径 [J]. 比较教育研究, 2010 (9): 38—42.

[15] 陆晓红. 不让一个孩子掉队法案对美国公立学校课程与教学的影响 [J]. 全球教育展望, 2008, 37 (7): 28—33.

[16] 邱莉. 沈阳市义务教育均衡化发展问题与对策研究 [D]. 沈阳: 沈阳师范大学, 2016.

[17] 罗玉玲. 教育公平视域下的区 (县) 义务教育均衡发展研究——以昆明市盘龙区为例 [D]. 昆明: 云南大学, 2013.

[18] J. A. Banks. An Introduction to Multicultural Education. New York [M]. Published by simon & Schuster Company, 1994.

[19] 王娟涓, 徐辉. 国外城乡义务教育均衡发展的经验和启示 [J]. 外国中小学教育, 2011 (1): 7—12.

[20] 择校热为何高温难降 [EB/OL]. http: //edu. qq. com/graph/22. htm.

[21] Psacharopoulos. G. Unequal Access to Education and Income Distribution: An internation Comparison [J]. De. Economist, 1977, 25 (4) .

[22] NEA, Issue Paper on Rural Education [EB/OL]. http: //www. nea. org. rural/lacpapersrural. html.

[23] Berson. C. S The Economics of public Education. 1978 (3rded) Benson. C, educational. Finacing. In Husen. T. etal (eds) The Encyclopedia of Education: Research and Studies. International. 1985, 4.

[24] 理查德.D. 范斯科德，理查德·J. 克拉夫，约翰·D. 哈斯. 美国教育基础——社会展望 [M]. 北京：教育科学出版社，1984：185—205.

[25] Ram Rati. Educational Expansion and Schooling. Inequaity: international ediduce and some implications [J]. The Review of Economics and Statistics, 1990, 72 (2): 266—274.

[26] Rubenstein R. Resource Equity in the Chicago Public Schools: A School - Level Approach [J]. Journal of ation Finance, 1998 (4): 468.

[27] 冯学军. 中国义务教育财政投入不均衡问题研究 [D]. 沈阳：辽宁大学博士论文，2013.

[28] Downes T, Stiefel L. Measuring equity and adequacy in school finance [J]. Handbook of research in education finance and policy, 2008: 222—236.

[29] 菲利普·库姆斯. 世界教育危机 [M]. 北京：人民教育出版社，2001.

[30] Charles Benson. 教育财政. 谢维和，等译. 教育经济学国际百科全书 [M]. 北京：高等教育出版社，2000.

[31] 慕彦瑾. 西北农村义务教育资源配置合理性研究 [D]. 四川师范大学，2018.

[32] Grubband Michelson. States and schools, Lexington, mass, Health lexig
nton Books, 1974.

[33] Ankhara - Dove, Linda. The Deployment and Training of Teachers for Remote Rural Schools in Less - Developed Nations [J]. International Reviews of Education. 1982, 28 (1): 3—27.

[34] Ronald C. Fisher and Leslie E. papke. Local government responses to education grants [J]. Nation Tax Journal, 2000.

［35］ Galiani et al. Evaluating the Impact of School Education Quality ［J］. American education, 2001 (6): 12—14.

［36］ 赵颖. 我国农村义务教育财政转移支付制度的运行绩效研究［D］. 北京：首都师范大学，2008.

［37］ 朱亚丽. 义务教育资源配置均衡发展测评模型的构建研究［D］. 重庆：西南大学，2015.

［38］ 王闻，沈萍. 美国州政府学校资金投入的效应分析及对中国的政策建议［J］. 复旦公共行政评论，2008.

［39］ 赵庆华. 义务教育均衡发展问题研究［D］. 沈阳：东北师范大学，2005.

［40］ 国家发展改革委社会发展司. 当前推进义务教育均衡发展面临的挑战及对策建议［J］. 宏观经济管理，2011 (3): 35—38.

［41］ 张放平. 区域内义务教育均衡发展的制度瓶颈及其破解［J］. 中国教育学刊，2011 (6): 1—4.

［42］ 胡德仁. 中国地区间小学教育投入差距影响因素的实证研究——基于财政能力和财政需求的视角［J］. 湖北经济学院学报，2010 (2): 81—87 +93.

［43］ 罗伟卿. 财政分权对于我国公共教育供给数量与区域差距的影响［D］北京：清华大学，2011.

［44］ 刘光俊，周玉玺. 财政分权、转移支付与教育服务均等化的关联度［J］. 改革，2013 (9): 57—63.

［45］ 罗成. 均衡性转移支付对义务教育效率的影响［D］. 成都：西南财经大学硕士论文，2014.

［46］ 李玲. 我国义务教育资源配置效率评价及分析［J］. 中国教育学刊，2015 (4): 53—58.

［47］ 段哲哲，黄伟任. 流动人口对地方政府基础教育公共财政自出的影响——基于2010—2014年福建省58个县市数据分析［J］. 教育学术月刊，2016 (6): 46—52.

［48］陈霞，郭卫香．基于灰色关联分析教育与经济发展的实证研究——以新疆维吾尔自治区为例［J］．教育理论与实践，2016（1）：32—35.

［49］王嘉毅，封清云，张金．教育与精准扶贫精准脱贫［J］．教育研究，2016（7）：12—21.

［50］王智勇．生育政策调整对城市教育资源配置的影响研究［J］．教育学术月刊，2016（3）：28—37.

［51］杨龙见，陈建伟．市场结构会影响地方政府义务教育供给吗［J］．经济学动态，2016（7）：34—43.

［52］顾佳峰．中国基础教育财政收敛性实证研究［J］．教育与经济，2008（4）：48—53.

［53］祁毓．区域公平背景下我国财政对教育支持的绩效、变迁及路径再完善——基于泰尔指数及其分解的视角［J］．地方财政研究，2009（8）：26—31.

［54］王建容，夏志强．我国省际间义务教育经费发展状况的实证研究［J］．教育研究与实验，2010（5）：34—39.

［55］夏雪．地区经济分类下义务教育经费分析［J］．教育发展研究，2012（13）：80—85.

［56］彭海艳．中国教育经费支出区域公平性的实证研究［J］．统计与决策，2012（7）：104—107.

［57］王善迈，袁连生，田志磊．我国各省份教育发展水平比较分析［J］．教育研究，2013（6）：29—41.

［58］武向荣．义务教育均衡现状调查与对策分析［J］．教育研究，2013（7）：46—53.

［59］周胜．公共教育经费配置的效率差距与对策——基于中国各地区数据的经验研究［J］．技术经济与管理研究，2014（4）：80—83.

［60］杨文，王海民．我国财政性教育经费支出区域差距分析［J］．财经问题研究，2014（5）：79—84.

[61] 刘礼明，高蓓．我国区域内生均义务教育经费差距对比研究 [J]．教育财会研究，2014 (4)：14—18.

[62] 李祥云．税费改革前后义务教育突入地区差距及其变化的实证分析 [J]．教育研究，2009 (10)：13—22.

[63] 卢珂．新机制对教育财政资源均衡配置的影响评价 [J]．北京大学教育评论，2014 (1)：156—166.

[64] 赵力涛，李玲．省级教育经费统筹改革的分配效果 [J]．中国社会科学，2015 (11)：111—127.

[65] 成刚，孙晓梁，孙宏业．省内财政分权与"新机制"对义务教育经费差异的影响 [J]．北京师范大学学报（哲学社会科学版），2015 (2)：130—141.

[66] 申菊梅，刘黎明，赵静．新义务教育法实施效果的实证分析——基于生均义务教育经费角度 [J]．调研世界，2017 (3)：31—36.

[67] 雷丽珍．省级统筹体制下义务教育经费支出的省际差异分析 [J]．上海教育科研，2018 (7)：26—29.

[68] 胡耀宗．基本公共服务均等化视阈下的义务教育政策选择 [J]．清华大学教育研究，2009 (6)：66—72.

[69] 卢洪友，李凌．中国城乡义务教育非均等供给及财政制度路径 [J]．华中师范大学学报（人文社会科学版），2008 (4)：2—9.

[70] 瞿瑛．本世纪初我国城乡义务教育资源均衡发展的现状与对策——对城乡义务教育经费差距的思考 [J]．现代教育论丛，2008 (4)：36—40.

[71] 郑宏波．城乡义务教育不均衡发展的现状分析——以信阳市为例 [J]．新乡教育学院学报，2009 (6)：10—12.

[72] 李清刚．城乡义务教育均衡发展的实证研究 [J]．上海教育科研，2010 (10)：29—31.

[73] 田志磊，袁连生，张雪．地区间城乡义务教育差距研究 [J]．教育与经济，2011 (2)：43—48.

[74] 崔登峰，朱金鹤．新疆城乡义务教育资源配置研究 [J]．新疆农垦经济，2012 (12)：57—61.

[75] 杨晓霞．城乡差距：县域内义务教育均衡发展的现实困境 [J]．教育与经济，2012 (4)：11—15.

[76] 师玉生，王进才，安桂花．县域城乡义务教育均衡发展情况比较研究基于甘肃省张掖市甘州区2006—2010年的数据分析 [J]．长春理工大学学报 (社会科学版)，2012 (10)：62—65.

[77] 肖军虎，范先佐．县域城乡义务教育发展失衡的原因分析——基于对山西省四县 (市) 的调研 [J]．河北师范大学学报 (教育科学版)，2012 (7)：5—8.

[78] 钟云华，李小源，唐姜．教育公平视角下城乡义务教育非均衡性分析 [J]．中国农业教育，2013 (4)：6—10.

[79] 吕普生．中国义务教育发展的不均衡性及其决定因素——基于2000—2008年数据的实证分析 [J]．中国软科学，2013 (9)：82—96.

[80] 姬秉新，王从华．西部地区义务教育阶段城乡学校均衡发展研究——以西部某省为样本 [J]．西北师大学报 (社会科学版)，2013 (1)：72—79.

[81] 凡勇昆，邬志辉．我国城乡义务教育资源均衡发展研究报告——基于东、中、西部8省17个区 (市、县) 的实地调查分析 [J]．教育研究，2014 (11)：32—44+83.

[82] 吴健梅．城乡义务教育非均衡发展的统计调查实证分析 [J]．经济研究参考，2014 (69)：45—52.

[83] 李秉中．西部地区义务教育阶段校际均衡发展的制度建设——以贵阳市为例 [J]．教育研究，2005 (5)：83—86.

[84] 程方平．北京市海淀区教育均衡化问题的调查报告 [J]．中国教师，2006 (2)：6—11.

[85] 安晓敏，任永泽，田里．我国义务教育经费公平性的实证研究——基于教育基尼系数的测算与分析 [J]．东北师大学报 (哲学社会科

学版)，2007 (4)：138—142.

[86] 栗玉香．推进义务教育校际间财政均衡的策略 [J]．中国教育学刊，2009 (12)：11—14.

[87] 郭清扬．义务教育均衡发展与农村薄弱学校建设 [J]．华中师范大学学报 (人文社会科学版)，2013 (1)：161—168.

[88] 关松林．基础教育均衡发展：理念与策略 [J]．中国教育学刊，2010 (6)：25—28.

[89] 刘荣．民族地区义务教育公用经费投入问题研究 [D]．广西师范大学，2015.

[90] 教育的定义 http：//wenda. so. com/q/1378329046072702？src =130.

[91] 2015 年新修正的义务教育法 [EB/OL]．http：//www. gzns. gov. cn/dagang/zwgk/zcfg/201509/t20150925_293556. html.

[92] 教育部关于加强基础教育办学管理若干问题的通知 [EB/OL]．http：//news. xinhuanet. com/zhengfu/2002 -06/11/content_435043. htm.

[93] 教育部关于进一步推进义务教育均衡发展的若干意见 [EB/OL]．http：//www. moe. edu. cn/publicfiles/business/htmlfiles/moe/s3321/201001/xxgk_81809. html.

[94] 教育大辞典编纂委员会．教育大辞典 [M]．上海：上海教育出版社，1997.

[95] 安晓敏．教育公平指标体系研究 [D]．沈阳，东北师范大学，2008.

[96] 余艺．我国义务教育财政体制的回顾与反思 [D]．武汉：华中师范大学，2012 .

[97] 国务院办公厅关于完善农村义务教育管理体制的通知 [EB/OL]．http：//www. gov. cn/gongbao/content/2002/content_61475. htm.

[98] 义务教育经费 [EB/OL]．http：//baike. so. com/doc/8724624 -9047283. html.

[99] 生均经费 [EB/OL]．http：//baike. so. com/doc/5855044 -6067

886. html.

[100] 杨晓霞. 生均教育经费：义务教育均衡发展核心指标及其修正 [J]. 教育发展研究，2013 (2)：21—25.

[101] 生均公用经费 [EB/OL]. http：//baike. baidu. com/link? url = wO61u_rIs4OdWr2IQymtqjIlQ9GXvgjMm1qsOHUS0h0M3wWS - IGmPLIquj0sxnql - mkLZ74H - ufd26Drm4xO0UZWpDP5I0NUTMZOYAPfjRrkVdXE7AD_pEn0hr0Hnk6rKvRc1jNqoD20uoCe235jmNpDgvQbcdoqFSfOpNes9cd0oWgD2wbPsqyLe0W7r1WDHR4RvyYQGoUrjheUaul3Y.

[102] 关于统计上划分城乡的规定 [EB/OL]. http：//www. stats. gov. cn/tjsj/ndsj/renkoupucha/2000pucha/html/append7. htm.

[103] 陶广泽. 转移支付对义务教育均等化的影响研究 [D]. 蚌埠：安徽财经大学硕士论文，2015.

[104] 刘强. 中国经济增长的收敛性分析 [J]. 经济研究，2001 (6)：70—77.

[105] 朱国忠，乔坤元，虞吉海. 中国各省经济增长是否收敛 [J]. 经济学季刊，2014 (3)：1171—1194.

[106] 李婧，谭清美，白俊红. 中国区域创新生产的空间计量分析 [J]. 管理世界，2010 (7)：43—55.

[107] 张伟丽，覃成林，李小建. 中国地市经济增长空间俱乐部趋同研究——兼与省份数据的比较 [J]. 地理研究，2011 (8)：1457—1470.

[108] Anselin L. Spatial Econometrics Methods and Models [M]. Dordrecht Klumer Academic Publishers, 1988.

[109] Baltagi, Badi H. Econometrics Analysis of panal Data (Second Edition, John Wiley & Sons, Chichester, United Kingdom), 2001.

[110] Yu J. H., Lee L. F. Estimation of Unit Root Spatial Dynamic Panel Data Models [J]. Econometric Theory, 2010 (26)：1332 - 1362.

[111] 朱国忠，乔坤元，虞吉海. 中国各省经济增长是否收敛 [J]. 经济学季刊，2014 (3)：1171—1194.

［112］任雪松，于秀林．多元统计分析［M］．北京：中国统计出版社，2010.

［113］蔺顺锋，易丹辉，肖宏伟．基于函数型数据分析视角的我国副省级城市年平均工资差异研究［J］．现代管理科学，2015（3）：27—29.

［114］苏为华，孙利荣，崔峰．基于函数型数据的综合评价方法研究［J］．统计研究，2013（2）：88—94.

［115］郭亚军．综合评价的合理性［J］．东北大学学报自然科学版，2002（9）：844—847.

［116］郑磊．财政分权、政府竞争与公共支出结构——政府教育支出比重的影响因素分析［J］．经济科学，2008（1）：28—40.

［117］余静文，王春超．新“拟随机实验”方法的兴起——断点回归及其在经济学中的应用［J］．经济学动态，2011（2）：125—131.

［118］丁一方．基于断点回归设计的城市住宅限购政策有效性研究［D］．重庆：重庆大学，2017.

［119］张春丽，杨利雄，李庆男．面板数据框架下基于固定效应的断点回归设计［J］．统计与决策，2020（14）：5—9.

［120］方超，黄斌．高校扩招政策与乡城转移劳动力的教育收益率——基于模糊断点设计的工具变量估计［J］．中国高教研究，2021（6）：44—50.

［121］张永安，关永娟．国家自主创新示范区政策对地区经济的影响研究［J］．软科学，2020：1—14.

［122］徐晔，蔡奇翰．高新技术企业认定对企业创新及财务绩效的影响——基于断点回归方法［J］．复旦学报，2019（6）：139—150.

［123］管瑞，刘旋，余劲．精准扶贫政策与边缘贫困群体政治信任——基于断点回归的证据［J］．农业技术经济，2020（3）：97—109.

［124］郑超，王新军．退休冲击与城镇居民家庭消费——基于断点回归设计的实证研究［J］．当代财经，2020（8）：15—27.

［125］马瑛．基于地理加权回归模型的农用地地价空间结构研究［D］．

华中农业大学，2012.

[126] 玄海燕，李帅峰. 时空地理加权回归模型及其拟合 [J]. 甘肃科学学报，2011 (4)：119—121.

[127] 陆峰. 广西经济金融先行指标体系研究 [J]. 广西金融研究，2007 (10)：28—32.

[128] 杨桂林. 基于地理加权回归模型的贵州省致贫因素研究 [D]. 贵州大学，2018.

[129] 袁占亭. 坚持以人民为中心发展教育 [M]. 北京：中国人民大学出版社，新时代马克思主义教育理论创新与发展研究丛书，2021.

[130] 张源源，刘善槐，邬志辉. 义务教育质量评价的基本原理、路径与方法 [J]. 东北师大学报 (哲学社会科学版)，2013 (5)：172—176.

[131] 申菊梅，刘黎明. 义务教育农村教师薪酬激励的定量分析——基于养老补贴的视角 [J]. 教育财会研究，2014 (5)：26—29.